A VIDA SECRETA *dos* CLIENTES

A VIDA SECRETA *dos* CLIENTES

David S. Duncan

Título original: *The Secret Lives of Customers*

Copyright © 2021 por Huron Consulting Group
Copyright da tradução © 2023 por GMT Editores Ltda.

Todos os direitos reservados. Nenhuma parte deste livro pode ser utilizada ou reproduzida sob quaisquer meios existentes sem autorização por escrito dos editores.

tradução: André Fontenelle
preparo de originais: Raïtsa Leal
revisão: Luis Américo Costa e Sheila Lousada
diagramação: Valéria Teixeira
capa: Pete Garceau
adaptação de capa: Natali Nabekura
imagens de capa: AlexStar/ iStock (xícara de café); Lightstock (ponto de interrogação)
impressão e acabamento: Bartira Gráfica

CIP-BRASIL. CATALOGAÇÃO NA PUBLICAÇÃO
SINDICATO NACIONAL DOS EDITORES DE LIVROS, RJ

D932v

    Duncan, David Scott
        A vida secreta dos clientes / David Scott Duncan ; tradução André Fontenelle. – 1. ed. – Rio de Janeiro : Sextante, 2023.
        208 p. ; 21 cm.

    Tradução de: The secret lives of customers
    ISBN 978-65-5564-583-5

    1. Pesquisa de mercado – Estudo de casos. 2. Comportamento do consumidor – Estudo de casos. 3. Marketing de relacionamento. 4. Clientes – Contatos. I. Fontenelle, André. II. Título.

22-81278   CDD: : 658.8342
                              CDU: 366.1

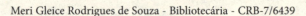

Meri Gleice Rodrigues de Souza - Bibliotecária - CRB-7/6439

Todos os direitos reservados, no Brasil, por
GMT Editores Ltda.
Rua Voluntários da Pátria, 45 – Gr. 1.404 – Botafogo
22270-000 – Rio de Janeiro – RJ
Tel.: (21) 2538-4100 – Fax: (21) 2286-9244
E-mail: atendimento@sextante.com.br
www.sextante.com.br

Para Suzanne e Zoe

SUMÁRIO

PRÓLOGO 9

PARTE 1
O CASO DO CLIENTE DESAPARECIDO 13

   1   O embarque 17

   2   As origens 27

   3   *Big data* 36

   4   A reunião de equipe 41

   5   *Small data* 47

   6   Linguagem, método, mentalidade 52

   7   Por que contratar uma xícara de café? 56

   8   A descrição do trabalho 63

   9   O novo território 73

  10   Mais pistas 80

  11   Padrões 87

  12   O barista 99

  13   Dobrando a aposta 109

  14   A demissão 112

15	A concorrência real	120
16	Desvendando o caso	133
17	Por que contratar um empregador?	143
18	A aula de *spinning*	147
19	A imersão	151
20	Ligando os pontos	159
21	O Prefeito	164
	Epílogo: Seis meses depois	168

PARTE 2
COMO SE TORNAR UM DETETIVE DE MERCADO 173

AGRADECIMENTOS 206

PRÓLOGO

Se você quiser compreender o cliente, comece pensando como um detetive.

Por muito tempo acreditei que a arte de compreender o que o cliente quer e por que ele age como age tinha muito em comum com a forma como um detetive soluciona um mistério. O cliente nunca para de nos surpreender, agindo muitas vezes de um jeito que parece sem sentido e representando, pelo menos durante algum tempo, um mistério a ser desvendado. Um mistério de mercado, digamos assim. Quando isso acontece, o melhor a fazer é buscar pistas do que está acontecendo – conversando com as pessoas, observando-as, compilando dados, identificando padrões e extraindo ideias que indiquem o passo correto a ser dado.

Igualzinho a um detetive.

Ter talento para ser detetive de mercado nunca foi tão necessário, e não apenas para o pessoal da área de pesquisa. A máxima "O cliente sempre tem razão" se tornou ainda mais válida depois que a revolução digital, as redes sociais, o aumento das opções e a conectividade 24 horas por dia empoderaram o consumidor, elevando suas expectativas em toda e qualquer experiência com um produto, uma empresa ou uma marca. Isso significa que praticamente *todos* os profissionais – incluindo aqueles de liderança executiva, marketing, desenvolvimento de produto, vendas, atendimento ao cliente e até do RH ou do financeiro – precisam estar o tempo todo sintonizados com o que o cliente quer, tanto agora quanto no futuro.

O que surpreende, portanto, é a ausência de uma abordagem eficaz para a solução de mistérios de mercado, algo que todos possam aprender e aplicar em uma enorme variedade de situações. É bem verdade que existem métodos excelentes no âmbito dos departamentos de pesquisa de mercado (ou, cada vez mais, de análise de dados), mas são especializados demais para serem úteis para a maioria das pessoas que trabalham no mundo dos negócios. E, pior, o resultado muitas vezes é uma avalanche de dados e análises que, por mais sofisticados que pareçam, não fornecem as ideias necessárias para melhorar de fato a vida do cliente.

Com *A vida secreta dos clientes*, meu objetivo é preencher essa lacuna, ensinando uma linguagem, um método e uma mentalidade capazes de equipar *qualquer pessoa* para compreender o cliente que já conquistou (ou quer conquistar). O fundamento central é a ideia simples mas profunda de que o comportamento do cliente é impelido pela existência de "trabalhos" importantes e não realizados, pendências que ele deseja resolver. Quando esses trabalhos surgem, as pessoas procuram os melhores produtos, serviços ou experiências para "contratar" e dar conta do recado. Dessa forma, a maior prioridade de qualquer aspirante a detetive de mercado deve ser descobrir, compreender e solucionar esses trabalhos.

Este livro mostra como fazer isso, em duas partes bem distintas:

- A Parte 1 (O caso do cliente desaparecido) é a história de uma equipe de liderança que depara com um "mistério de mercado" que ameaça o futuro de sua organização.

Embora fictícia, representa fielmente os desafios que a maioria das organizações encara atualmente no mundo real. As habilidades e ferramentas do detetive de mercado se revelam à medida que a trama se desenrola, e você verá como a solução de um mistério de mercado acontece de fato, do início ao fim.

- A Parte 2 (Como se tornar um detetive de mercado) se afasta da história e explica com mais detalhes as técnicas, os conceitos e as ferramentas usados para "desvendar o caso", inclusive como podem ser aplicados em um amplo leque de situações reais.

Espero que você ache este livro ao mesmo tempo útil e agradável, quer o estude sozinho ou em equipe. E espero que o ajude a resolver seus mistérios de mercado, quaisquer que sejam.

David Scott Duncan

PARTE 1

O caso do cliente desaparecido

O dia em que o Prefeito desapareceu foi o mesmo em que Cate Forrest percebeu que tinha um grande problema.

Ed Amato era cliente assíduo do Tazza Café desde que Cate tinha inaugurado a loja, 12 anos antes. Todo sábado de manhã, e na maioria dos dias de semana, ele entrava tranquilamente na matriz do Tazza, em Boston, na hora em que abria, cumprimentava os baristas já conhecidos e se empoleirava no banquinho de sempre, no balcão comprido. Embora sempre trouxesse o jornal do dia, em 12 anos ninguém nunca o vira abri-lo. Ele preferia passar o tempo batendo papo – com os funcionários, outros clientes ou gente de passagem, enfim, qualquer pessoa que estivesse por perto. Como gostava de conversar e tinha interesse genuíno pelas pessoas, cativava a todos de imediato. O hábito de fazer qualquer um se sentir bem-vindo lhe valeu o apelido carinhoso de Prefeito.

À medida que a empresa de Cate crescia, Ed estava lá em todas as datas importantes. No aniversário de um ano, foi o primeiro a fazer um brinde à equipe, erguendo sua xícara de café favorita em homenagem ao Tazza. Quando Cate abriu a segunda loja, Ed compareceu à cerimônia do corte da faixa. A cada inauguração posterior, lá estava ele, inclusive na última, a 14ª. E Cate esperava que Ed fizesse parte da comemoração quando o Tazza concluísse o IPO – oferta pública inicial de ações –, dali a dois meses, arrecadando os recursos necessários para se tornar uma rede nacional.

Foi então que, em uma manhã de sábado no início de abril, Ed desapareceu.

No começo, todo mundo supôs que ele estivesse fora da cidade. Até Ed, raciocinaram, devia ter uma vida fora do Tazza. Mas quando ele não apareceu no dia seguinte, nem na semana seguinte, a comunidade do café, muito unida, começou a se inquietar. Os frequentadores encheram de perguntas o chefe dos baristas, James Finley. Ed estava doente? Tinha sofrido um acidente? Mas James estava tão surpreso quanto os outros e não tinha resposta. O desaparecimento de Ed era tão inusitado que James tocou no assunto durante a reunião semanal de planejamento com Cate.

– Ed sumiu – anunciou ele ao entrar na sala dela.

Cate ergueu os olhos de uma pilha de documentos jurídicos, com expressão de preocupação.

– Está tudo bem com ele?

– Imagino que sim. Só que faz duas semanas que ele não aparece. Todo mundo tem perguntado por ele, mas ninguém sabia de nada... até ontem. – James hesitou, relutando em contar a novidade. – Harriet o viu sair correndo do Stella's, na Second Street, depois do almoço. Quando ela o chamou, ele atravessou a rua em disparada. Harriet acha que ele quis evitá-la. Ela jura que ele tinha um ar culpado.

– O Stella's! É claro que ele se sente culpado. Ir naquela franquia sem graça.

Cate levou um instante para processar a notícia, depois deu um suspiro.

– Péssima hora. Você viu os lucros do nosso trimestre?

James assentiu, franzindo a testa. Como barista-chefe, ele acompanhava a operação diária de perto, de modo que podia avaliar a tendência do faturamento, e as notícias não eram boas.

Faltando apenas dois meses para o IPO, Cate sabia que cada sinalização do mercado seria analisada com lupa – sobretudo pelos banqueiros que representavam o Tazza. Tanto ela quanto James estavam ansiosos para retratar o Tazza como uma história de crescimento, com potencial quase ilimitado, considerando sua base de fãs incondicionais e a pequena presença regional. No entanto, por mais propensos que os banqueiros estivessem a acatar uma narrativa positiva, Cate sabia que qualquer notícia ruim teria um impacto sobre o valor da ação, podendo até ameaçar o IPO.

Perdida em pensamentos, Cate deixou o olhar vagar pela sala e iluminar-se ao ver dois dos retratos mais inspiradores em seu escritório. O primeiro era o de seus dois filhos pequenos, Sophie e Jack, trabalhando com comovente concentração na escultura de um castelo de areia na praia próxima da casa da família na Nova Inglaterra enquanto o marido assistia, sorrindo de orelha a orelha. A segunda era da própria Cate, ao lado da melhor amiga, Emma, em frente a um pequeno café em Florença, na Itália, segurando o guardanapo no qual tinham esboçado a ideia original do Tazza.

Tomando uma decisão, ela pegou um pacote do material de marketing que tinha estudado naquela manhã, à procura de um contato. "Alex Baker & Co., Detetives de Mercado", estava escrito no alto, com o slogan "Não deixe seu cliente continuar a ser um mistério". *Que propaganda mais estranha*, pensou Cate, mas o escritório tinha sido recomendado pelo presidente do conselho da empresa, Ethan Raynor, um velho amigo da família em cujo julgamento ela confiava. E Cate sabia que seu tempo estava se esgotando.

"Bem, como eu sempre digo, 'Se você quer fazer algo diferente, tem que *fazer* algo diferente.'"

Ela pegou o celular e ligou para o número.

1

O EMBARQUE

"Os baristas são os barmen do século XXI."
Enquanto esperava Cate Forrest chegar, Alex Baker pensou na veracidade dessas palavras, escritas com giz verde no alto da enorme lousa que exibia o cardápio especial do dia no Tazza Café. Depois de uma série de conversas ao telefone, Alex havia concordado em trabalhar com Cate no que chamara de "investigação de mercado" da situação do Tazza. Ele até tivera dúvidas sobre aceitar ou não, mas elas evaporaram quando ouviu uma mensagem de voz de Ethan Raynor, amigo em comum e membro do conselho de administração do Tazza.

"Alex? Ethan. Conheço alguém que você poderia ajudar. Uma velha amiga e a melhor líder que já conheci. E é por uma das suas causas favoritas: café."

Agora, Alex estava sentado no bar principal da loja-conceito do Tazza, um espaço de lofts reformado, com vista para o porto, no North End de Boston. Ele tinha lido um pouco sobre a história da rede, suas raízes naquele bairro histórico de Boston e sua rápida expansão pelas áreas residenciais abastadas das cidades próximas a nordeste. Ele também tinha lido sobre Cate e estava ansioso para conhecê-la, sabendo de sua reputação de excelente líder e empreendedora engenhosa.

Foi Cate que sugeriu aquele local, seu ponto favorito para encontros de negócios. A vista para o mar, salpicado de velas brancas, sempre a ajudava a dar aos problemas a dimensão correta. Alex estava absorto na vista quando Cate se aproximou.

– Oi, Alex! Desculpe o atraso. É o trânsito de Boston.

Enquanto Alex se levantava para apertar sua mão, Cate ficou surpresa com a aparência dele. Talvez esperasse que alguém que se apresentava como "detetive de mercado" tivesse o jeitão sério dos combatentes do crime que povoavam as histórias que seu pai, eterno fã de mistérios, lia para ela quando era criança. Na verdade, Alex se parecia mais com um de seus antigos professores da faculdade, com um semblante observador e uma confiança serena. Isso era até esperado, ela pensou, de alguém com mestrado em Psicologia que tinha abandonado um programa de pós-graduação para entrar no mundo dos negócios quase duas décadas antes. Ela também tinha feito suas pesquisas sobre Alex.

– Que prazer ter você trabalhando com a gente, Alex. Você foi altamente recomendado. Minha ideia era aproveitar este encontro para nos conhecermos melhor. Eu adoraria saber mais sobre como você trabalha e posso fornecer as informações de que precisar. Mas vamos começar pelo começo: aceita um café?

Alex não precisava de muito incentivo para saborear sua bebida favorita.

– Aceito, obrigado. O meu eu quero...

– Sebastian, por favor! Você traria dois cafezinhos para a gente? – gritou Cate.

Alex parecia prestes a fazer um pedido mais elaborado, por isso Cate explicou:

– Quando se trata de café, estou acostumada a fazer as coisas do jeito italiano. Na Itália, quando se pede um café, trazem uma coisa só: um *espresso* feito com o grão da casa. Robusta... ou arábica, se você tiver sorte. O ideal é tomá-lo em um *coffee bar* como este aqui, então nessa parte estamos bem. É um ritual que pode se repetir várias vezes por dia... meio que marca o ritmo da vida cotidiana por lá.

– Interessante – murmurou Alex para si mesmo, com expressão pensativa.

Ele chegou a abrir o caderno e fazer algumas anotações, gesto que não escapou a Cate.

– Estou vendo que você já está fazendo observações, Alex. Me conta: como você acabou virando "detetive de mercado"?

Alex fechou o caderno e deixou-o cuidadosamente de lado antes de responder:

– Por linhas meio tortas, eu diria. Sempre fui fascinado por pessoas. Ainda criança, eu adorava ouvir histórias... ou ler. Na faculdade, acabei estudando Psicologia e Antropologia. Depois comecei um programa de pós-graduação que misturava as duas áreas. Mas, passados alguns anos, a vida acadêmica começou a me parecer afastada demais da realidade. Eu sonhava em fazer algo mais prático. Então, no alto dos meus 30 anos, resolvi abandonar o curso.

Nesse instante a barista, uma jovem usando jeans rasgados, uma camiseta preta do Tazza e um broche com o nome "Jessie", chegou com o pedido. Sem dizer nada, depositou duas xícaras de *espresso* na frente deles e seguiu rapidamente para sua tarefa seguinte. Cate franziu a testa em reprovação, mas não disse nada. Alex prosseguiu:

– Então eu tive sorte. Um professor gentil me apresentou ao gerente do grupo de pesquisa de mercado de uma grande empresa de mídia. Eles estavam elaborando novas formas de conhecer melhor os clientes e por acaso minha formação era surpreendentemente pertinente. Passei oito anos felizes lá, aprendendo tudo sobre os métodos de pesquisa mais recentes e ajudando a desenvolver alguns novos.

Alex fez uma pausa para tomar um gole do café, soltando o ar com ruído ao saboreá-lo.

– Eu podia ter ficado mais tempo, mas a vida se impôs. Para o bem, devo acrescentar. Eu me casei, tive gêmeos, me mudei para o outro lado do país para ficar perto da família. Decidi me arriscar e iniciar minha própria consultoria. Foi aí que me veio a ideia de adotar o título de "detetive de mercado". Sempre achei que a tarefa de entender o cliente é semelhante ao trabalho dos detetives. O cliente vem até nós porque sabe que está acontecendo alguma coisa importante que ele não compreende: é o que chamo de *mistérios do mercado*. Nossa função é ir até esse mercado, observar, entrevistar pessoas, ou seja, reunir pistas do que está havendo. Então buscamos padrões, ideias, até que juntamos todas as informações para desvendar o mistério. Igualzinho aos detetives que tentam solucionar um crime.

– Faz sentido – disse Cate. – Adorei o nome. Também dá um pouco de dramaticidade ao trabalho, não é?

– Dá, sim – concordou Alex. – É claro que nosso trabalho em geral não envolve crimes, vilões ou vítimas, mas buscar pistas, interpretá-las e montar o quebra-cabeça é muito semelhante. Por exemplo, vi que tem havido muita rotatividade na sua equipe de baristas nos últimos tempos, algo inesperado.

– Como soube disso? – perguntou Cate, surpresa.

De fato, eles vinham recebendo uma série de pedidos de demissão.

– Observação e um pouco de adivinhação. A jovem que trouxe nosso café mal cumprimentou você. Você, a fundadora e CEO da empresa! Nenhum funcionário que já esteja há algum tempo na empresa e que tenha algum senso de preservação do emprego agiria assim. Ela não deve saber quem você é, portanto deve ser nova. Você gritou "Sebastian" para pedir nosso café, portanto é razoável supor que essa jovem não seja quem você esperava. Por fim, sendo esta sua loja maior e mais movimentada, suponho que você gostaria de ter os baristas mais experientes trabalhando aqui. Ter gente tão nova faz supor que existam problemas nos outros endereços também.

Cate ficou impressionada.

– Com você explicando, parece bem óbvio – disse.

– Bem, é como disse um famoso pesquisador certa vez: "O mundo é cheio de coisas óbvias que ninguém jamais observa."

– A faculdade de Administração foi há muito tempo, Alex. Quem disse isso foi algum dos seus professores de marketing?

– Não. Sherlock Holmes. Em *O cão dos Baskervilles*. Você vai se dar conta de que ele tem muito a dizer sobre a arte do detetive de mercado.

– Arrá! Adoro esse jeito de pensar – disse Cate. – Pois então, quais são os mistérios de mercado mais comuns que você é contratado para resolver?

Alex tomou outro gole enquanto refletia sobre a pergunta.

– Cada mistério é diferente, mas todos costumam começar do mesmo jeito: líderes percebem que alguma coisa altamente inesperada está acontecendo no mercado. Algo que não pode ser explicado pela lente habitual que usam para enxergar o mundo. Podem ser os clientes mais antigos e fiéis desaparecendo ou bandeando-se para um concorrente. Pode ser um novo tipo de concorrente, que entra em cena e começa a crescer depressa. Ou pode ser uma mudança positiva, que ainda parece impossível de entender, como novos tipos de cliente comprando seus produtos ou utilizando-os de maneiras nunca vistas.

Alex percebeu que Cate se identificava com esses exemplos, pois escutava atentamente.

– No começo, esses acontecimentos podem ser pequenos e

ocasionais, fáceis de ignorar. Mas, à medida que se tornam mais comuns, vai crescendo uma espécie de tensão entre a maneira como esses líderes compreendem o mundo e o que está realmente acontecendo à sua volta. É como se eles estivessem acostumados a jogar um jogo, com regras que entendem, incluindo como vencer, e de repente o jogo muda, sem que ninguém explique as novas regras.

Cate ficou pasma de ver como aquilo fazia sentido.

– É *exatamente* a sensação que eu tenho com o Tazza. Francamente, até seis meses atrás tudo parecia muito simples. Não estou dizendo que era fácil... Nosso sucesso é fruto de muita gente trabalhando muito por muitos anos. Mas a estratégia básica sempre foi a mesma. Para usar sua expressão, a gente sabia o jogo que estava jogando e como vencê-lo. E estávamos justamente nessa grande rota de crescimento. Até pouco tempo atrás.

Cate fez um gesto em direção a um grupo de barcos a vela no horizonte e continuou:

– É como se os ventos do mercado tivessem mudado, mas a gente continuasse velejando na mesma direção anterior. E não entendemos o que está acontecendo nem por quê.

Por um instante, Cate lembrou-se de tudo que estaria em jogo nos meses seguintes. Não apenas para ela, mas para os funcionários que tinham se esforçado tanto para levar a empresa até aquele ponto. O IPO daria ao Tazza os recursos para continuar a crescer, proporcionando empregos estáveis e bem pagos ao pessoal com quem Cate tanto se importava, e se expandir de modo a atingir tantas outras pessoas com a missão da empresa, em que ela tanto acreditava. Agora tudo estava em risco.

Mas Cate não era do tipo de ficar remoendo coisas e logo se voltou para a urgência de seu projeto:

– Então, como você faz para desvendar esses mistérios? Contratei um novo diretor de marketing, Rob Butler, de uma das maiores empresas do setor de bebidas, uns seis meses atrás, e ele vem analisando uma tonelada de informações novas sobre nossos clientes e vendas. Quer que eu o coloque em contato com você?

Alex fez uma leve careta, mas respondeu de maneira diplomática:

– Estatísticas têm um enorme poder, mas só se você enxergar o mundo pela lente correta. Com a lente errada, elas podem até criar mais confusão. Ou, pior, reforçar uma visão equivocada da realidade.

– É a segunda vez que você cita essa ideia de uma lente diferente. O que quer dizer com isso?

Alex respondeu levantando sua xícara de *espresso* e fazendo um gesto na direção de Cate.

– Vou lhe dar um exemplo. Pense nestas duas deliciosas xícaras de café que estamos tomando. Instantes atrás, nós, ou melhor, você tomou a decisão de comprá-las. Por quê?

Cate se sentiu como se estivesse de volta à faculdade sendo sabatinada por um professor, mas, como as lembranças dos tempos de MBA eram boas, não se importou em entrar no jogo.

– Bem, se você perguntar a Rob, ele vai dizer que é porque temos o melhor café da região. Ele diria que a variedade também é importante, para termos apelo para todo mundo. Foi por isso que ele aumentou tanto o cardápio de bebidas. Agora temos uma ampla variedade não apenas de cafés, mas de chás, sucos e até, em algumas unidades, bebidas alcoólicas. Ele também expandiu o cardápio de comidas, para o cliente ter algo para acompanhar a bebida.

– Ok. É assim, então, que Rob pensa. E você?

Cate refletiu por um instante.

– Acho que no meu caso é simplesmente porque eu amo café. Amo o aroma, o sabor, a experiência. E isso está associado a todo tipo de lembrança feliz: viagens, estar com os amigos, encontros de negócios importantes e inesquecíveis. Claro que levo em conta o fato de dar uma turbinada na minha energia, me deixando mais alerta. Também é um pouco como um hábito social. Estamos aqui juntos, tenho a impressão de ser sua anfitriã, então pedir um café é parte de um ritual de encontro. Dei a resposta certa, professor?

– Por favor, continue me chamando de Alex. E é claro que você sabe muito mais sobre o seu negócio do que eu. Eu diria que gosto muito mais da sua resposta do que da de Rob. A resposta dele dá a entender que ele acredita que são os *produtos* que vocês vendem que fazem as pessoas comprá-los. "Nosso café é excelente, por isso as pessoas o compram." Dou a isso o nome de lente de mundo *centrada no produto*.

Depois de uma breve pausa, Alex continuou:

– Mas os produtos não *levam* ninguém a fazer nada. São apenas um meio para um fim. Sempre existem forças mais profundas em ação, impelindo comportamentos. Problemas que precisamos resolver ou metas que queremos alcançar. Eu penso nisso como "trabalhos" que tentamos realizar. E, quando esses trabalhos surgem, saímos à procura dos melhores produtos ou soluções que pudermos "contratar" para realizá-los, da mesma forma que contrataríamos uma pessoa para consertar um encanamento em casa ou para tomar conta dos nossos filhos.

Alex tomou o restante do seu *espresso* e colocou a xícara vazia na mesa, entre os dois.

– Por isso, se você quiser entender por que o cliente faz o que faz, por que "contrata" uma xícara do seu excelente café, por exemplo, primeiro precisa compreender os trabalhos que ele quer ver realizados. Você tem que enxergá-lo por uma lente *centrada no trabalho* e não centrada no produto. Pode parecer uma diminuta mudança de perspectiva, mas na verdade é gigante, porque direciona sua investigação para aquilo que realmente motiva o comportamento do cliente e as decisões que ele toma: os trabalhos importantes e não resolvidos na vida dele.

Cate estava fascinada.

– Então, no meu caso, o trabalho para o qual eu contrato o café pode ser "turbinar minha energia", "me reconectar com lembranças felizes" ou "iniciar uma espécie de ritual em uma reunião de trabalho".

– Exatamente. É por isso que eu gosto da sua resposta. Você falou em termos dos trabalhos que está tentando realizar. Alguns são mais funcionais, como "turbinar a energia", outros são emocionais, como "me reconectar com lembranças". E alguns podem ser sociais, como o exemplo do ritual de trabalho.

Cate ajudou a elaborar ainda mais a ideia:

– Se podemos contratar produtos, então suponho que dê para demitir aqueles que já não realizam o trabalho.

– Isso! O trabalho do cliente está no coração de qualquer êxito ou fracasso de uma empresa. Se mais pessoas contratam seus produtos para realizar trabalhos, sua empresa cresce; se elas os demitem, sua empresa encolhe.

Cate ficou animada com a ideia de enxergar a situação do Tazza sob essa nova lente.

– Então deve ser esse, imagino, o foco da sua investigação de mercado: compreender por que o cliente nos contrata e por que nos demite.

– Exato. Toda investigação de mercado começa respondendo a algumas perguntas. Essas respostas nos darão um panorama claro do que realmente está acontecendo com o Tazza hoje, que é o que você e sua equipe precisam descobrir.

– Como você faz para responder a essas perguntas? – quis saber Cate.

– Usamos alguns métodos testados e comprovados. O melhor deles é também o mais simples: conversar com as pessoas. Os clientes atuais ou os antigos. Como acontece com a maioria das coisas, para compreender o presente muitas vezes é instrutivo olhar para o passado. Especificamente, por que as pessoas contratavam o Tazza lá atrás, quando vocês começaram?

– Tudo bem. Por onde você começa? Quem você precisa entrevistar ou investigar primeiro?

Alex sorriu.

– A resposta é bem conveniente, já que estamos sentados aqui juntos: você.

2

AS ORIGENS

Duas rodadas de café depois (que dessa vez Cate pediu enquanto perguntava a si mesma, de modo consciente: "Por que estou pedindo isso?"), a história da origem do Tazza começou a entrar em foco. Nesse meio-tempo, Alex teve a oportunidade de presenciar Cate corrigindo a postura de Jessie, a barista rebelde, ensinando-lhe a tomar gosto pela arte de servir o cliente. O jeito de Cate fazer isso, servindo de inspiração para Jessie sem deixá-la na defensiva, fez Alex pensar que os elogios às qualidades de liderança dela eram pertinentes.

Para orientar a conversa, Alex pediu a Cate que voltasse no tempo e pensasse na época anterior à ideia inicial do Tazza, descrevendo em detalhes quem ela era, o que fazia e que mentalidade tinha, como se ela estivesse preparando o cenário de um filme prestes a começar.

Ele explicou:

– Muitas vezes, as pessoas que entendem melhor os trabalhos para os quais uma empresa é "contratada" são aquelas que estavam por perto desde o começo. Essas pessoas, que são fundadores, empreendedores, primeiros funcionários, devem ter criado uma boa solução para *algum* tipo de trabalho do cliente; do contrário, a empresa não teria decolado. É comum que a inspiração tenha vindo de trabalhos que *eles* estavam tentando resolver na própria vida. É um ponto de partida útil para recolher pistas.

Cate resolveu iniciar a história com sua viagem para estudar em Florença, na Itália. Ela havia acabado de completar 21 anos e terminado os dois primeiros anos de estudo em Economia e Finanças em uma faculdade pequena da Nova Inglaterra, longe da cidadezinha rural de Michigan onde fora criada. Nunca tinha saído do país, mas se interessou ao ver um folheto de um programa de intercâmbio com imagens do interior da Toscana, obras-primas da arte florentina e grupos de estudantes fotogênicos conversando animadamente diante de taças de vinho, com livros ao alcance das mãos. Cate decidiu na mesma hora sair do país. Isso atiçou a curiosidade de Alex.

– Parece uma mudança radical – observou ele. – Passar um ano inteiro na Europa, deixando para trás os amigos, trocando o campus já conhecido por um lugar totalmente novo. Por que você resolveu fazer isso?

Cate refletiu por um instante e respondeu:

– Acho que foi exatamente esse aspecto desconhecido de ir para a Itália que me atraiu. Eu meio que precisava de uma mudança, talvez das grandes, e isso se encaixava na ideia. Eu me concentrei bastante nos estudos nos dois primeiros anos. Já estava quase terminando as disciplinas obrigatórias para obter o diploma, mas faltava ainda um monte de eletivas. Pensei: por que não passar um ano estudando arte, história e literatura em uma das cidades mais bonitas do mundo?

Alex assentiu, mas emendou:

– Por que você acha que precisava de uma mudança?

Dessa vez Cate teve que pensar um pouco mais antes de responder.

– A maioria das pessoas olha para a época da faculdade com nostalgia, mas meus dois primeiros anos não foram muito memoráveis. Não que tenham sido ruins ou infelizes, mas passei a maior parte do tempo estudando e meio que vivendo no piloto automático. Eu tinha amigos, cheguei até a ter um namorado, e todos me pareciam estar curtindo a vida adoidado. Sugando toda a essência da vida... Não foi Thoreau quem disse isso? Ou pelo menos sugando toda a cerveja de cada barril. Mas eu me sentia distante de tudo aquilo. Então ir embora talvez não tenha sido tão difícil para mim quanto poderia ter sido para outros.
– Por que você acha isso?
De novo uma pergunta com "por quê"! Cate não teve como não perceber isso.
– Antes de responder, eu tenho uma pergunta com "por que" para você: por que você não para de me perguntar por quê?
Alex explicou:
– Quando você está tentando entender os verdadeiros trabalhos que alguém quer que sejam realizados, muitas vezes tem que ir além da superfície das primeiras respostas que recebe. O jeito mais fácil de fazer isso é continuar perguntando "por que" até chegar aos trabalhos fundamentais. Há quem diga que você precisa percorrer os "cinco níveis de por que" para chegar lá, mas em geral não é preciso tanto.
Cate imaginou que falar com um terapeuta devia ser assim, mas, como estava comprometida com o processo, prosseguiu:
– Sabe, minha vida atual é incrível. Tenho uma ótima família, amigos e um trabalho que amo e em que acredito. Mas acho que naquela época eu ainda estava em busca do meu lugar no mundo. Acho que isso é normal para a maioria das pessoas aos 20 e poucos anos, mas para mim, de alguma forma, era uma sensação mais urgente. Minha mãe faleceu quando eu era bem pequena e eu e meu pai ficamos nos mudando de lá para cá,

por causa do trabalho dele, durante a minha infância. Nunca chegamos a criar raízes, então talvez eu estivesse em busca de um senso de comunidade em algum lugar. Onde eu estava, não sentia isso, então achei que talvez pudesse encontrá-lo na Itália.

– Ah! – exclamou Alex. – Agora estamos chegando a algum lugar. Acho isso altamente relevante. Mas vamos continuar. O que aconteceu quando você chegou a Florença?

Cate relatou como ficou impressionada. É claro, havia os famosos marcos – a estátua de Davi, a Vênus de Botticelli ("'Vênus dentro da concha', como chamávamos"), a Ponte Vecchio, a igreja de Santa Croce. Mas o mais surpreendente era como a própria cidade era uma obra de arte viva, fervilhando de gente e de idiomas do mundo inteiro, cada prédio e avenida exibindo a longa história. Ela adorava vagar durante horas pela cidade sem destino, apenas absorvendo as vozes, os sons e as cenas da vida cotidiana, e à noite espiar as fachadas de vidro iluminadas de restaurantes e cafés transbordando *la dolce vita*.

– Eu ainda tinha a sensação de que estava em busca de alguma coisa, mas tinha essa sensação maravilhosa de possibilidades. Tanta liberdade e beleza... era empolgante. Você já esteve lá?

Alex sacudiu a cabeça negativamente.

– Thoreau não disse também "Viajar é o paraíso dos tolos"? Na verdade, eu não penso assim, adoro viajar. Só que nunca fui a Florença.

– Foi Emerson – corrigiu Cate. – Mas chegou perto. Eu também não penso assim, principalmente quando se trata de Florença. Era como se a cidade fosse uma grande corrente de vida que poderia levar você, bastando achar um jeito de mergulhar e seguir o fluxo. Eu não descobri esse jeito na hora, mas tudo mudou no dia em que conheci Emma Gracey.

– A cofundadora do Tazza.

– Isso.

– Então me conte como foi.

– Todos os dias, quando voltava da aula para casa, eu passava por um lugar chamado Marco's. Era um café italiano típico, com um pequeno pátio no qual havia mesas, cadeiras e guarda-sóis com nomes de marcas italianas famosas. Às vezes eu dava uma parada ali para beber alguma coisa, mas não ficava muito tempo. Havia sempre o mesmo grupo de pessoas por lá, ou quase sempre, e eles pareciam estar num eterno bate-papo animado, em geral sobre futebol, ou *calcio*, como eles chamam. Dava para ver do pátio os jogos que passavam na TV. Mas meu italiano era ruim demais, então não era uma impressão muito acolhedora.

Cate fez uma pequena pausa e continuou:

– Certo dia de outono, quando ainda não estava fazendo frio, fui dar uma caminhada e havia uma mulher sentada em uma das mesas externas, usando uma camiseta da Universidade de Massachusetts e lendo um livro em inglês. Era bem evidente que ela era americana e tinha mais ou menos a minha idade, então me apresentei. Era Emma. Descobri que ela também estava estudando fora e parecia estar em uma encruzilhada parecida com a minha. Começamos a conversar e desde então nunca mais paramos. Sobre livros, pessoas, vida, tudo. Agora é sobre filhos e carreira e como é difícil equilibrar tudo. Mas ainda estamos conversando.

Alex ouvia atentamente e fazia anotações enquanto Cate contava sua história. Quando ela fez uma pausa mais longa, ele ergueu os olhos e perguntou:

– Por que foi tão importante ter conhecido Emma?

Dessa vez Cate reconheceu a técnica dos "níveis de por quê".

– Tudo mudou depois disso. Emma me ajudou a encontrar uma comunidade por lá. Adivinha onde? Bem no Marco's. Emma é mais extrovertida do que eu e o italiano dela é muito melhor, então ela já conhecia todo mundo. Inclusive o dono, Marco. Ele era um italiano mais velho, mas com a energia de um jovem de 20 anos, mesmo já tendo seis netos. Ele me apresentou a todos os frequentadores. Eu achava que não ia simpatizar com eles, mas depois que os conheci, viraram uma espécie de grande família. Eu via os mesmos rostos todos os dias e acompanhava as questões grandes e pequenas de suas vidas. E eles acompanhavam as nossas. Depois de algum tempo, comecei a me sentir em casa.

– Que coisa maravilhosa – disse Alex. – E como vocês tiveram a ideia de abrir um café juntas?

– Um dia, perto do fim da minha viagem, Emma e eu estávamos sentadas no Marco's, um pouco tristes por termos que ir embora em breve. Aquilo que começou como um salto no desconhecido havia virado uma experiência linda e transformadora, e de repente nenhuma das duas queria partir. Foi Emma quem teve a ideia primeiro, e ela colocou nos seguintes termos: "E se, em vez de deixar a vida do café para trás, a gente a levasse para os Estados Unidos?"

Alex assentiu com um gesto de cabeça e Cate prosseguiu:

– Eu me convenci na mesma hora de que era uma ideia brilhante. É claro que fomos abençoadas pelo entusiasmo ingênuo de pessoas que nunca tiveram que abrir um negócio, mas, como eu costumo dizer a empreendedores iniciantes, essa é uma das maiores bênçãos que um empreendedor iniciante pode receber! Como nós duas voltaríamos para a região de Boston para continuar os estudos, decidimos começar aqui. Tivemos muita sorte. Emma "conhecia um cara que conhecia um cara", e não tardou muito para termos financiamento e abrirmos o primeiro endereço, em um espaço de lofts de escritórios convertidos, no North End. Ficou tão popular que tivemos que ampliar para este espaço maior, onde estamos agora.

– Por que você acha que se tornou tão popular?

Cate refletiu por um instante.

– Acho que era como um repeteco da minha experiência em Florença, só que dessa vez eu estava do outro lado. Boston atrai gente do país inteiro... do mundo inteiro, na verdade. Há muitos estudantes aqui. O primeiro Tazza meio que virou um ponto de encontro para todos esses expatriados. Acho que eles gostavam de ver as mesmas caras todo dia, gostavam da ideia de se conectar com um bairro com uma história longa e estável. Isso lhes dava a sensação de pertencimento. Foi um trabalho insano, mas eu faria tudo de novo.

O orgulho de Cate pelo que tinha construído ao longo dos anos era palpável e Alex entendia muito bem aquele sentimento.

– Criar uma coisa do zero nunca é fácil, não importa quais sejam os obstáculos iniciais. Tenho enorme respeito por quem é capaz de fazer isso.

– Obrigada – respondeu Cate, sorrindo. – Pois bem, senhor Detetive de Mercado: são essas as pistas que você está buscando?

Alex ergueu os olhos de suas anotações.

– São um ótimo começo. Minha impressão é que aquilo que a atraiu para aquele pequeno café em Florença foi uma busca por comunhão e talvez um lugar para chamar de lar. É parecido com o que atraiu as pessoas para o Tazza no começo. Usando a linguagem dos trabalhos, poderíamos dizer que eles contratavam o Tazza para o trabalho de "fazer parte de uma comunidade". Era, em algum sentido, um trabalho particularmente importante para pessoas expatriadas. Gente longe de casa por períodos prolongados, para estudar ou trabalhar, por exemplo. E você indicou alguns aspectos da experiência do Tazza que faziam dele uma ótima solução para seus trabalhos, por exemplo, um grupo constante de pessoas com quem se relacionar ao longo do tempo.

– Acho que é isso mesmo – concordou Cate. – Eu acrescentaria outra característica importante: era preciso ter alguma conexão com a cultura local. Ou seja, não podiam ser *todos* expatriados ou algum lugar genérico. No Marco's havia toda uma mistura de gente do lugar, e o ambiente tinha, é claro, todo tipo de toque autenticamente italiano. O tipo de coisa que fazia você se sentir conectado com a cidade e a história fora do café. Assim, com o passar do tempo você começava a se sentir ligado àquele lugar, como se fosse mais um morador do que um visitante. Nossos cafés recriam essa sensação: temos muitos moradores antigos entre os frequentadores e uma decoração personalizada em cada unidade, refletindo o entorno.

– Excelente – disse Alex. – Muito profundo. Outra pergunta: por que o nome Tazza?

Cate falou com carinho sobre o que, evidentemente, era uma memória feliz:

– *Tazza* quer dizer "xícara" em italiano. A inspiração foi meu apartamento em Florença, um estúdio minúsculo no alto de uma casa antiga transformada em alojamento estudantil. Na verdade, não passava de um sótão adaptado. Era muito pequeno, mas aconchegante e tinha aquelas paredes antigas de pedras pintadas naquele tom laranja lindo, suave, do Mediterrâneo. Pelo teto dava para ver os resquícios de pequenos desenhos feitos por outros estudantes, que a tinta encobrira. Um desses desenhos inspirou nosso nome e estava destinado a virar nossa logomarca.

Cate apontou para uma imagem na parede, de duas xícaras fazendo uma interseção, em uma espécie de diagrama de Venn com café.

– É o mesmo desenho que estava no meu teto. Abaixo, havia uma pequena inscrição em italiano: *Non potemo avere perfetta vita senza amici.* Quer dizer: "Não podemos ter uma vida perfeita sem amigos." É de Dante. Sabia que ele era de Florença, antes do exílio? Talvez o morador mais famoso. Tudo parecia uma espécie de sinal... Dante falando conosco direto do passado.

Alex gostou de ver quanto Cate refletira sobre o propósito do Tazza e como todas as peças se encaixavam. Mas ela estava ansiosa para entender aonde aquilo tudo ia dar.

– E agora? Suponho que você queira falar com a equipe de marketing, para saber o que eles já descobriram.

Alex fez uma cara ligeiramente assustada diante dessa sugestão. Por isso resolveu escolher com cuidado suas palavras:

– Bem... eu preferiria ir a campo primeiro, para tirar minhas próprias conclusões. É importante não ter nenhum viés nessas investigações, então em geral eu prefiro evitar falar com gente de dentro da empresa neste estágio.

Cate pareceu concordar, mas estava alguns passos atrás de Alex.

– Entendi. Mas eu queria que você levasse uma pessoa que trabalha com a gente há pouco tempo e que acho que seria muito útil. O nome dela é Jordan Sims. Ela está conosco há uns seis meses, como analista de pesquisa de mercado. Tem só 23 anos e é formada em Informática pela Universidade de Michigan.

Alex parecia em dúvida. Ele não estava acostumado a ter uma assistente, ainda mais alguém tão inexperiente.

Cate percebeu o ceticismo dele.

– Acho que você vai ver que ela não tem nenhum viés nem traz preconceitos – disse. – Além disso, é a pessoa mais inteligente da empresa.

3

BIG DATA

Na manhã seguinte, Alex foi atrás da Pessoa Mais Inteligente da Empresa. A sede do Tazza, na periferia de Boston, ficava em um enorme galpão convertido em espaço de trabalho estiloso, com pé-direito alto, encanamento exposto e pouca mobília. Alex sabia que a planta sem divisórias tinha o objetivo de incentivar a colaboração e passar uma ideia de hierarquia maleável, mas ficou pensando como alguém conseguia trabalhar com tão poucas barreiras contra interrupções.

Depois de pedir informações a um segurança que lhe pareceu um tanto displicente, serpenteou por um labirinto de cubículos até achar o departamento de marketing. A primeira pista de que ele teria êxito em sua busca foi ver uma plaquinha com o nome "Jordan Sims" em um cubículo. *Brilhante trabalho de detetive*, pensou.

Não havia porta, então ele deu batidinhas na divisória logo atrás da plaquinha, mas não obteve resposta. Com fones de ouvido, de onde se ouvia um baixo martelando sua audição, Jordan estava absorta em uma enorme tela cheia de símbolos e dados que rolavam tela acima à medida que seus dedos passeavam rapidamente pelo teclado. Ao contrário dos demais em volta, ela não estava sentada. O notebook ficava em uma mesinha alta. Suas mãos faziam pausas rápidas apenas para pegar uma xícara de café do Tazza e tomar um gole, algo que parecia uma espécie de sub-rotina comportamental automatizada.

Cate tinha descrito Jordan como especialista nas mais recentes técnicas de *big data*, e ela tinha um ar sério e compenetrado. Os óculos grossos sugeriam uma juventude passada não apenas contemplando símbolos complicados em telas, e sim manipulando-os e dominando-os.

Alex entrou em seu campo de visão e acenou para chamar-lhe a atenção.

– Com licença, você é Jordan Sims?

Jordan tirou os fones de ouvido e se virou para Alex, avaliando-o com o mesmo olhar com que tentaria compreender um gráfico recém-criado com dados desconhecidos.

– Isso – respondeu ela. – Tudo bem?

– Eu sou Alex Baker. Cate Forrest me contratou para investigar por que o Tazza vem perdendo clientela. Estou saindo para fazer algumas entrevistas. Com gente, quero dizer. – Por algum motivo, ele se sentiu forçado a acrescentar: – Cate propôs que você fosse junto para me ajudar.

Jordan não demonstrou qualquer emoção ao processar essa informação nova. Para surpresa de Alex, ela não parecia questionar sua presença, sua missão nem o próprio papel recém-descoberto nisso tudo.

– Beleza. Quer ver uma coisa interessante?

Sem esperar resposta, ela iniciou uma sequência digna de um virtuose no teclado e fez surgir no monitor uma série de gráficos.

– Também estou tentando entender por que o Tazza vem perdendo clientes. Rob, o meu chefe, me pediu que analisasse nossos dados dos últimos 12 anos em busca de padrões relevantes.

De quais bebidas com café os clientes gostam mais, de quais não gostam, quando eles compram, dados demográficos... esse tipo de coisa. Temos um número enorme de produtos. Sabe quantas bebidas diferentes nós vendemos, se fizermos combinações de todas as variáveis, como tipo de grão, intensidade da torra, leite versus creme versus soja, sabor e outras coisas? – Ela não esperou a resposta de Alex. – São 12.534. E isso não é nada, se comparado ao Stella's: eles têm mais de 80 mil.

Jordan continuou teclando rapidamente, trocando os gráficos na tela enquanto falava:

– São bebidas demais para analisar, então criei um algoritmo para filtrar tudo, colocando-as em caixinhas diferentes: cafés clássicos, cafés originais, chás e uns outros mais. Na verdade, bem básico. O Tazza tem boas estatísticas, mas uma certa bagunça à moda antiga em matéria de dados. Eu estou recomendando trocar por uma arquitetura de gestão de dados melhor, que estou desenvolvendo nos fins de semana.

– Entendi – disse Alex, sem entender nada.

Outro movimento dos dedos e brotou uma janela com uma apresentação de slides intitulada "Clube dos Conhecedores de Café".

– Agora vem a parte interessante. Rob lançou esse programa, chamado Clube dos Conhecedores de Café, que eu apelidei de CCC, uns seis meses atrás, assim que chegou. A ideia era identificar nossos melhores clientes e descobrir formas de premiá-los. Era meio parecido com o que ele tinha feito na empresa anterior, onde ele disse que foi o maior sucesso.

Alex continuava ouvindo enquanto ela falava:

– Eu o ajudei a preparar tudo. Criei um algoritmo de busca para localizar esses clientes. Ele procura coisas como frequência de compras, gasto médio, tempo como cliente, se nos recomendam para outros clientes. São basicamente as pessoas que mais gastam e mais passam tempo nos cafés. Quando você pertence ao CCC, acumula pontos, ganha descontos, brindes, convites para eventos especiais... o padrão dos programas de fidelidade. É bem básico, na verdade.

Alex estava começando a entender que muitas coisas eram "bem básicas" para Jordan.

— O CCC foi uma iniciativa bem grande — prosseguiu ela. — Não chegou a dar uma virada nas vendas, mas Rob acha que desacelerou a queda. Ele está convicto de que o problema é a qualidade e a variedade dos nossos cafés. Tipo, não temos como concorrer com as grandes redes por conta de todas as opções que eles oferecem. Então eu venho analisando o tipo de café de que os Conhecedores mais gostam. O mais querido, o menos querido, se isso muda conforme a estação do ano ou a hora do dia. Acabamos de lançar uma pesquisa perguntando a eles como poderíamos criar cafés mais atraentes.

Alex continuou contemplando detalhadamente a tela de Jordan. Números nunca foram seu forte e ele sentiu uma antiga alergia mental começar a se manifestar, como uma espécie de comichão incômoda no cérebro.

— Isto foi o que descobri sobre os membros do CCC — disse Jordan, virando o monitor para facilitar a visualização de Alex. — Achei hoje de manhã, então ainda não mostrei a ninguém.

Alex aproximou-se para olhar a tela. Jordan havia minimizado todas as demais janelas e deixado um único gráfico, que mostrava as preferências de gastos dos Conhecedores, organizadas pelas categorias de produtos que Jordan tinha definido.

Até Alex podia compreender de cara por que Jordan achava aquele gráfico tão interessante.

— Mas ele mostra...

— Pois é — disse Jordan antes que Alex pudesse terminar a frase. — Setenta e oito por cento das pessoas do Clube de Conhecedores de Café, ou seja, aquelas que mais gastam no Tazza, nunca compraram uma única xícara de café.

Depois de absorver a informação por alguns instantes, Alex disse:

– Acho que o clube de Rob está com o nome errado.

– Pois é – concordou Jordan, tomando mais um gole de sua bebida.

4

A REUNIÃO DE EQUIPE

Rob Butler estava sentado sozinho na sala da diretoria, esperando que os colegas da equipe de liderança chegassem para a reunião semanal. A sala era menor (e mais pobre) do que o padrão a que ele estava acostumado, mas sua esperança era que melhorasse depois do IPO.

Como sempre, todo mundo atrasado, pensou Rob. *Massimo vai tentar comandar, porque acha que é o número dois.* Cate estava fora, para encontros com fornecedores, então o restante da equipe estava por conta própria naquele dia.

Massimo Portinari era diretor de vendas e detentor do título de funcionário número um da empresa. Era querido e respeitado por todos da equipe do Tazza, mas Rob considerava que era mais por antiguidade do que por mérito. Massimo também tinha o hábito de ilustrar toda conversa com sabedoria popular italiana, característica que a maioria das pessoas achava fofa, mas que Rob considerava irritante.

Na verdade, Rob não tinha lá muito respeito pelos colegas. Ele se considerava o único com experiência de liderança em uma "empresa de verdade", tendo escalado todos os degraus do marketing corporativo até o terceiro grau mais alto de uma gigante global de bebidas isotônicas. Dava valor ao trabalho que havia sido feito para erguer o Tazza do nada, mas, ao chegar, ficara chocado com o atraso na implementação de técnicas de marketing modernas, com base em dados. Para Rob, isso tornava difícil compreender o sucesso inicial do Tazza.

Menos difícil, para ele, era compreender por que esse sucesso tinha empacado nos últimos meses. Ele tinha convicção de ser a pessoa capaz de virar o jogo. A maioria dos projetos em andamento para estimular o crescimento eram ideias de Rob, e ele estava ansioso para receber o crédito por elas aos olhos de Cate e da diretoria. Às vezes até sonhava com a ideia de herdar o cargo de CEO, depois do IPO, uma vez que essas iniciativas tivessem êxito comprovado e todos percebessem quanto estava em jogo com a nova dimensão da empresa.

Se quisermos jogar na primeira divisão, precisamos de alguém com experiência na primeira divisão para tocar as coisas.

Os pensamentos de Rob foram interrompidos pela chegada do restante da equipe, conversando animadamente, como velhos amigos que eram. Massimo entrou primeiro, seguido por Elena Alvarez, a CFO, e Kelly Livaria, chefe de desenvolvimento de produtos. Logo atrás vinham Marcus Blaine, chefe de RH, e por fim James Finley, o barista-chefe, que tinha assumido havia pouco tempo a função de desenvolvimento de parcerias. O tamanho da equipe, apenas sete pessoas, ainda era bem pequeno para o padrão das grandes empresas.

Como de costume, Massimo estava no meio de uma fala:

– Esse esporte, o beisebol. Não entendo como vocês, americanos, podem ficar horas sentados assistindo a um bando de homens de calça apertada e chapeuzinho brigar por causa de uma bolinha branca que ninguém consegue enxergar direito. Aí, de vez em quando, eles correm em círculos.

Massimo tinha ido a um jogo de beisebol na noite anterior por conta de um evento de vendas e ainda estava se recuperando.

– Vocês já viram um jogo de futebol? É arte, *scienza* e esporte, tudo numa coisa só. *Il bel gioco*. O jogo belo.

Elena e James, ambos fanáticos por beisebol, reviraram os olhos. Massimo baixou a voz e adotou um tom mais sério:

– Vocês devem ter visto que tinha um garotinho de pé na cadeira bem na minha frente. Ele deixou cair um desses... cachorros-quentes... em cima do meu pé. Ficou uma mancha de mostarda no meu sapato Ferragamo. – A expressão de falso desespero, como se ele estivesse contando que um asteroide caíra do céu e destruíra a Capela Sistina, fez todo mundo sorrir, menos Rob. – Mas na Itália temos um ditado: *A ogni uccello il suo nido è bello*. "Todo pássaro acha seu ninho bonito."

Durante seu desabafo, Massimo tinha aberto a agenda na tela.

– Certo, vamos aos negócios. Cate está em Atlanta e me pediu para comandar a reunião.

Em silêncio, Rob ficou pensando se era verdade, mas ninguém se opôs. Então Massimo continuou:

– Itens um, dois e três: atualização sobre as iniciativas de crescimento de vendas. Alguém quer começar?

Kelly pediu a palavra:

– Posso dar um update do cardápio do plano de expansão? Rob me pediu para cuidar disso.

Rob ficou feliz por ela ter começado lembrando às pessoas que a ideia tinha sido dele.

– Tudo nos trilhos – continuou Kelly. – Instalamos mais refrigeradores em todas as filiais para expandir nossa oferta de sucos, refrigerantes e chá gelado em garrafas. São, basicamente, os itens mais populares oferecidos em lojas de conveniência, de modo que assim poderemos competir com elas. E enfim conseguimos os alvarás para vender cerveja e vinho nos três maiores cafés.

Amanhã à tarde vou visitar dois distribuidores para finalizar o que vamos colocar no cardápio. Com isso, poderemos roubar um pouco da clientela dos bares. Por fim, mas não menos importante, assinei uma parceria com a Marathon Caterers para ampliar nosso cardápio de comidas. Vai pegar um pouco do pessoal que quer fazer uma boquinha depois do trabalho.

– *Bravo!* – exclamou Massimo. – Tudo isso vai ajudar o programa de vendas corporativas. A propósito: James, como anda o desenvolvimento de parcerias?

Outra menina dos olhos de Rob, o programa fora lançado para atrair mais movimento de empresas, assinando parcerias e oferecendo a elas descontos de volume como incentivo aos funcionários. Para dar apoio a isso, um espaço nas filiais maiores havia sido transformado em salas de reunião, para que equipes de empresas em deslocamento pudessem realizar reuniões durante o dia.

Enquanto James atualizava a equipe, Rob franziu a testa mentalmente. A presença de um barista-chefe na equipe executiva lhe parecia particularmente deslocada. *Ele não tem nem um MBA!*

Quando James terminou, Massimo virou-se para Rob.

– E quanto a você, Rob? Na última reunião, a impressão que ficou foi de que as novas táticas de marketing pareciam promissoras.

– É, sim – respondeu Rob. – Ainda estamos fazendo umas análises, usando técnicas avançadas de *big data*. Mas um botão óbvio a apertar para crescermos, e que vinha sendo ignorado até pouco tempo atrás, é identificar os melhores consumidores e descobrir como vender a eles mais do seu produto preferido. Essa é a ideia por trás do Clube dos Conhecedores de Café. Estamos completando as análises no nosso piloto e em breve a gente deve ver algum resultado.

– Excelente! – disse Massimo.

Ele está sempre entusiasmado com tudo, pensou Rob.

– Elena... antes de terminarmos, você quer nos dar um update da preparação do IPO?

Elena fez uma cara séria.

– Acho que nem preciso lembrar a vocês que todos nós estamos chegando à hora H. Ontem os banqueiros me ligaram para expressar preocupação com nossos números do trimestre e eu garanti a eles que não vão se decepcionar. Todo mundo precisa dar duro para não me desmentir. Daqui a duas semanas temos uma reunião para tratar dos preparativos finais, e, embora eu ache que estaremos com bons números, ainda dá tempo de pararem tudo. Vamos tentar evitar que isso aconteça.

Fez-se silêncio no grupo, até todos assimilarem essa notícia incômoda. Massimo tentou desanuviar o ambiente:

– Tinha que ser a CFO para injetar uma dose de realidade nesta manhã que se anunciava tão agradável. Beleza, pessoal, se não houver outro item na agenda, vamos parar com o falatório e voltar ao trabalho. Como dizem lá na minha terra, *Belle parole non pascon i gatti*. "Belas palavras não alimentam os gatos."

James olhou para Kelly com uma expressão de perplexidade, mas, antes que pudesse fazer uma pergunta, Marcus abriu a boca:

– Na verdade, tem outro assunto que Cate me pediu para compartilhar com todos. Eu sei que vai atrapalhar, mas vamos ter que cancelar as agendas na segunda e na terça da outra semana. Cate pediu uma imersão na Prescott House nesses dois dias. Ela quer colocar todo mundo na mesma página em relação a tudo que temos que fazer na preparação para o IPO. Dois membros do comitê vão estar lá e ela vai levar aquele consultor que contratou para ajudar com as ideias sobre os clientes. Ela quer que cada um de nós faça um apanhado detalhado dos programas que estamos comandando, junto com projeções dos números.

Todos ficaram surpresos, mas a enorme confiança na liderança de Cate fazia com que a seguissem aonde quer que ela fosse.

Todos menos Rob, que por dentro ficou bastante descontente. *Que perda de tempo... isso nos impede de fazer coisas de verdade.* Apesar de conhecer a politicagem corporativa o bastante para não revelar quanto odiava esse tipo de coisa, não pôde conter uma leve provocação sobre Alex:

– Será que ela acha mesmo que a esta altura do campeonato e em tão pouco tempo alguém vai poder ajudar?

Elena pensou em silêncio se Rob, ele próprio recém-chegado, se dava conta da ironia do que dissera.

Marcus respondeu:

– Acho que conhecemos Cate há tempo suficiente para confiar no julgamento dela. Tenho certeza de que, se ela resolveu assim, é uma ótima ideia. Em todo caso, vamos dar o melhor de nós nessa imersão e fazer uma ótima reunião!

Típico blá-blá-blá de RH, pensou Rob. Mas, enquanto todos se levantavam para ir embora, ele se deu conta de que a reunião externa seria a oportunidade ideal para impressionar o comitê e consolidar sua posição de uma vez por todas.

5

SMALL DATA

Os dois investigadores encararam a tela por alguns instantes, até que Jordan rompeu o silêncio:
– Vender mais café para pessoas que não tomam café vai ser complicado. Estou pensando se consigo criar um algoritmo de aprendizado de máquina para buscar outros padrões úteis. Dá para aplicar várias técnicas de *big data* aqui.
– Parece promissor – respondeu Alex, de maneira pouco convincente. – Mas o que precisamos agora não é de *big data*. É de *small data*.
Isso chamou a atenção de Jordan. *Mais ou menos do mesmo jeito*, pensou Alex, *que uma criança chamaria a atenção dos pais pedindo para trocar os brócolis por cookies no menu do jantar.*
– *Small data*? Como assim? – perguntou Jordan.
– Veja... Sei que tenho muito a aprender com você sobre os métodos de pesquisa mais modernos – disse Alex. – E pode ser mesmo que exista ouro a extrair de todos esses dados coletados ao longo dos anos. As empresas costumam presumir que, se dispuserem de um monte de dados, devem obter disso um monte de ideias. Mas as sacadas obtidas com dados dependem

das perguntas feitas para gerá-los. Quando se fazem as perguntas erradas, os dados só vão gerar respostas enganosas. Para fazer as perguntas certas, é preciso começar com *small data*: observações sobre um pequeno número de pessoas para ajudar a mapear o território que se pretende explorar.

Jordan demorou um nanossegundo para processar a ideia e então disse:

– Saquei. Você está dizendo: "*Small data* antes do *big data*." Esse é o princípio. Bacana. E como a gente consegue esse *small data*?

Esse era, finalmente, um assunto em que Alex se sentia mais confiante.

– Conversando com as pessoas. Uma de cada vez. E observando-as. De preferência em seu habitat natural.

Durante uma hora, Alex explicou a Jordan os detalhes de seu método, entre eles a ideia de que o tipo mais importante de *small data* que eles estavam procurando era uma compreensão dos trabalhos para os quais o Tazza era contratado. Ele também recapitulou o que tinha aprendido com Cate, compartilhando a opinião de que esses trabalhos originalmente tinham a ver com criar uma sensação de acolhimento e pertencimento. Mas ressaltou que ainda havia muitas perguntas a serem respondidas a respeito do que estava realmente acontecendo.

Jordan foi se entusiasmando à medida que escutava. Trabalhar como detetive de mercado tinha um atrativo especial.

– É como se a gente fosse ficar de tocaia – disse ela. – Meu noivo, Mark, vai morrer de ciúme.

– Não é um jeito ruim de enxergar a coisa – comentou Alex. – Só que nós vamos ser bem claros em tudo que fizermos: não vamos espionar as pessoas.

Jordan estava andando de lá para cá nos limites estreitos de seu cubículo, como se a corrente de ideias em sua cabeça precisasse se expressar de forma cinética.

– É interessante esse foco na compreensão dos "trabalhos", como você chama. Minha análise do Clube dos Conhecedores focava nos produtos... o que as pessoas gostam ou não gostam neles. Mas, da forma como você descreve, é como se as pessoas quisessem mais comunidade, e não café.

Alex ficou impressionado.

– Puxa vida, é isso. Essa é uma ótima forma de colocar a questão. E você tocou em um ponto-chave. Quando você enxerga as coisas pela lente dos trabalhos, em geral identifica que os produtos são apenas parte de uma experiência mais ampla que o cliente está contratando para realizar um trabalho.

Alex prosseguiu explicando os benefícios de enxergar e entender o mundo pela lente centrada no trabalho e como esta era preferível à lente centrada no produto, que costuma ser o padrão de muitas empresas.

– Saquei – repetiu Jordan. – O princípio disso poderia ser "Evitar a Tolice de Ptolomeu".

Alex não entendeu a referência.

– Ok, agora você me deixou perdido.

– Ptolomeu. Grécia Antiga. Barba branca. Toga. É o cara que achava que a Terra era o centro do universo. Que o Sol, a Lua, as estrelas, os planetas, tudo girava em torno da Terra. Quase todo mundo achava isso até que Copérnico apareceu e mostrou que o Sol estava no centro e que *nós* giramos em torno dele – explicou Jordan. E então acrescentou, como se fosse a coisa mais normal do mundo: – Eu fiz uma segunda graduação em Astronomia, só por diversão.

– Acho que já ouvi isso em algum lugar... – disse Alex. – O que tem a ver conosco?

– É exatamente como as suas duas lentes. Como Ptolomeu, as empresas tentam explicar o mundo colocando a si mesmas, ou seus produtos, no centro dos modelos sobre como as coisas funcionam. Mas, para compreender o que realmente está acontecendo, é preciso focar no que realmente faz as coisas andarem: o cliente e os trabalhos que eles precisam realizar.

Alex gostou da comparação.

– Então você está dando a essa tendência ao autocentrismo o nome de Tolice de Ptolomeu?

– Quase isso – respondeu Jordan. – A armadilha não consiste apenas em ter um modelo errado. A ideia de que a Terra estava no centro era sensata, dado o que se sabia até então. As pessoas simplesmente observavam o céu e tudo nele parecia estar girando em torno delas. Então esses primeiros astrônomos começaram a monitorar os movimentos mais detalhadamente e havia coisas que não conseguiam explicar... enigmas que iam crescendo com o passar do tempo. Mas, em vez de questionarem o próprio modelo, eles ficaram tentando fazer pequenas alterações para não jogá-lo fora. Ou, pior ainda, ignoravam inteiramente os novos dados.

Alex continuou ouvindo e acompanhando o raciocínio de Jordan.

– Essa é a Tolice de Ptolomeu: ignorar anomalias ou inventar novas explicações, cada vez mais complexas, para preservar uma visão de mundo autocentrada. Eu estava começando a cair nela ao analisar os hábitos de compra dos Conhecedores. Estava supondo que a causa primordial do comportamento deles eram os nossos produtos. Mas, nesse caso, a anomalia era tão grande que era óbvia, porque eles nem sequer estavam comprando nosso café! Em outras palavras, é a ideia de que você fica tão bitolado em enxergar as coisas de um certo jeito que, em vez de deixar novas informações mudarem sua visão de mundo, você se agarra ao jeito antigo com ainda mais força. Devíamos inclusive chamar de *Ptolice*, com um "P" mudo – concluiu Jordan, que parecia bem satisfeita com essa última sacada.

∴

Embora no começo estivesse hesitante, agora Alex se dava conta de como tinha sido boa a sugestão de Cate de incluir Jordan.

– Adorei. Só não fiquei convencido com o tal *P* inicial. Talvez eu prefira refletir mais sobre o nome da sua ideia.

Jordan abriu um sorriso.

– Então, quando começamos?

– Pode ser agora? Pego você na entrada de visitantes daqui a dez minutos.

Antes que Jordan pudesse responder, Alex já saíra. Curiosa e animada, ela guardou o notebook e saiu alguns minutos depois.

6

LINGUAGEM, MÉTODO, MENTALIDADE

Já no carro, eles discutiram qual filial do Tazza iriam visitar primeiro. Jordan sugeriu uma unidade que ficava em uma cidade vizinha, a cerca de 45 minutos de carro.

— As vendas vêm caindo nesse lugar mais depressa do que em qualquer outro. E é uma das maiores unidades... representa quase 18% de todas as vendas. Então temos uma fatia maior das vendas caindo a uma velocidade maior. Nada bom.

Alex gostou do domínio que Jordan demonstrava dos números, concordou que fazia sentido e deixou o estacionamento rumo ao destino.

No meio do caminho, Jordan aproveitou a oportunidade para questionar Alex um pouco mais:

— Como se vira "detetive de mercado"? Tem que fazer algum curso específico?

— Até onde sei, quem inventou o termo fui eu, então tenho certeza de que não existe um curso. Às vezes sou convidado a dar palestras nas aulas de marketing da faculdade de Administração de um amigo. Acho que ele gosta que eu venha do "mundo real" e possa oferecer uma perspectiva diferente aos alunos.

– O que você ensina? – perguntou Jordan.

– Bem, geralmente eu digo que, para realizar investigações de mercado eficazes, é preciso aprender três coisas: uma linguagem, um método e uma mentalidade. A *linguagem* é um tipo de vocabulário novo que define qual *small data* você procura. É parecido com o que acontece em outras áreas, nas quais os praticantes têm uma linguagem peculiar, que falam e compreendem. Médicos falam de "condições agudas" ou "condições crônicas", "hospitalar" e "ambulatorial", e cada especialidade médica tem o próprio vocabulário: neurológico, cardiológico e assim por diante. Os advogados discutem liminares, agravos, ações civis e outros termos obscuros para leigos como eu. Contadores são obcecados por fluxos de caixa, balancetes, passivos e ativos.

Jordan prestava atenção. Alex continuou:

– Também é preciso ter uma linguagem para entender os clientes, mas precisa ser a linguagem *certa*, para focar na descoberta das coisas certas... e com o nível certo de detalhamento. Você já conhece um dos elementos dessa linguagem: a ideia de "trabalhos" a executar. Mas existem outras coisas que também vamos tentar compreender. Depois que você sabe o que está procurando, precisa de um *método* para encontrar, organizar e interpretar. O método que eu uso foi aperfeiçoado por mim ao longo dos anos, mas já evoluiu, até certo ponto. Aprendo coisas novas a cada investigação... e com o trabalho alheio.

Jordan ficou intrigada.

– Como esse método funciona?

– O melhor jeito de aprender é vendo na prática – respondeu Alex. – O que você fará muito em breve. Existem diversas formas de aplicar esse método, mas hoje vamos buscar conversar com as pessoas, fazer perguntas e procurar pistas. Falar diretamente com o cliente é, muitas vezes, o melhor jeito de ter ideias concretas... e o mais eficaz. Apesar disso, muitos não reservam tempo para isso ou supõem que seja necessário muito treinamento. É verdade que é preciso aprender *algumas* coisas, mas, francamente, *qualquer um* consegue, com um pouco de esforço.

Alex fez uma pausa enquanto mudava de faixa para deixar passar um apressadinho colado em sua traseira. A manobra em alta velocidade exigiu sua atenção por um instante. O motorista passou por eles com um olhar de tédio e acelerou.

– Ele deve estar com pressa – comentou Alex. – E vai perder esta maravilhosa paisagem à qual acabamos de chegar. Esse é um bom gancho para falarmos da última coisa necessária para esse tipo de investigação: a *mentalidade* correta. Se você não entra em uma investigação com a mentalidade certa, pode deixar passar tudo. É tão importante que eu faço uma espécie de checklist mental, que repasso antes de qualquer exercício como este que faremos.

– E que checklist é esse? – perguntou Jordan.

– No topo da lista está um lembrete para me interessar genuinamente pelas pessoas com quem converso e me apresentar com meu eu verdadeiro. Para mim, são coisas bem naturais, mas muitos iniciantes supõem que seja necessário ser formal e ter um ar empresarial. Na verdade, é o contrário. Você não imagina quanto as pessoas se abrem quando você se interessa de forma autêntica pela vida delas... e se dispõe a compartilhar um pouco sobre a sua vida também. O item seguinte no checklist da mentalidade é o mais difícil: tem a ver com a sua ideia da Ptolice de Ptolomeu. Você precisa limpar ao máximo sua mente de preconceitos em relação ao que vai aprender, inclusive as premissas e os vieses relacionados à sua atual visão de mundo. Essa é uma razão pela qual um forasteiro como eu às vezes enxerga coisas que pessoas que trabalharam em um setor durante anos não enxergam. Porque eu sou menos propenso a ter esses vieses ou premissas.

Jordan concordou, pensativa.

– Sabe, no zen-budismo existe um termo para isso: chamam de *ter mente de principiante*. Isso significa abordar um assunto como se sua mente fosse uma folha em branco, mesmo quando você estuda esse assunto em nível avançado. Que tal isto como princípio de mentalidade: "Seja interessado, seja autêntico e tenha mente de principiante"?

Alex sentiu-se novamente grato por ter a ajuda de Jordan e disse isso enquanto estacionava na filial do Tazza.

7

POR QUE CONTRATAR UMA XÍCARA DE CAFÉ?

Aquele Tazza não podia ser mais diferente da imagem que Alex fazia de um café italiano de esquina, pitoresco e aconchegante. Montado em uma ala de uma antiga fábrica de tecidos fechada havia muito tempo, o interior gigantesco mais parecia uma estação de esqui, o teto alto sustentado por enormes vigas de carvalho com iluminação em trilho. Meia dúzia de televisores *widescreen* distribuídos pelas paredes transmitiam uma variedade de *reality shows* de tribunais, notícias de emissoras de todas as ideologias e canais esportivos. O piso era coberto por um mosaico de mesinhas de madeira que levava a um balcão comprido e sinuoso no centro do salão.

Às 11 da manhã, estava lotado e fervilhante. Alex e Jordan se esgueiraram por um labirinto de gente e de vozes e sentaram-se a uma mesa perto da parede lateral, de onde podiam observar o salão por inteiro.

– Vamos ficar aqui sentados um pouquinho para nos situarmos – sugeriu Alex.

Eles se acomodaram e começaram a analisar o salão. Havia gente por toda parte, com um grupo aglomerado em frente à vitrine de comidas, uma fila aleatória que levava ao guichê de pedidos e um grupo assistindo a um VT de basquete em duas telas lado a lado. Mais para a direita, havia uma enorme sala de reunião, vazia exceto por um executivo grandalhão e com ar preocupado, andando de lá para cá enquanto falava por fones de ouvido. Jordan ficou impressionada com a diversidade do público. Havia estudantes mergulhados em livros e notebooks, um operário fazendo uma pausa, profissionais liberais em meio aos rituais do "trabalhador do conhecimento" moderno, um casal esgotado estudando um mapa turístico com um trio de crianças inquietas pulando em volta.

– Com quem vamos falar primeiro? – perguntou Jordan, sem saber como fazer para abordar as pessoas.

Alex ergueu os olhos de suas anotações.

– Pense no que vamos fazer nos próximos dias como elaborar uma espécie de mapa do território onde o Tazza atua. Já que estamos começando com aquilo que você chamou, de maneira tão apropriada, de mente de principiante, não importa muito com quem vamos falar primeiro. Isso poderia distorcer, de cara, nossa busca por *small data*. É melhor simplesmente começar a falar com os verdadeiros clientes, e depois, à medida que soubermos mais, podemos focar melhor.

Alex pegou um pequeno envelope que tinha trazido e fez um gesto em direção à mesa ao lado, à qual estava sentada uma jovem lendo um livro grosso.

– Por que não começamos com aquela mesa ali?

Sem esperar pela resposta, Alex se levantou e foi em direção à mesa. Jordan pensou que era melhor ir junto e assim fez.

– Oi, meu nome é Alex – disse ele ao se aproximarem. – Esta é Jordan. Nós trabalhamos para o Tazza. Estamos fazendo uma pesquisa sobre como as pessoas se sentem em relação à experiência aqui. Você se importa de responder algumas perguntas?

A jovem levantou o olhar para eles.

– Podemos lhe oferecer um vale-presente de 20 dólares do Tazza pelo seu tempo – acrescentou Jordan, esclarecendo o mistério do envelope.

A jovem pareceu quase agradecida pela interrupção.

– É claro! É um prazer ajudar. Adoro o Tazza, venho sempre aqui. Meu nome é Amelia.

– Prazer em conhecê-la, Amelia. Com que frequência você vem aqui?

– Toda segunda, quarta e sexta, e às vezes no fim de semana. Ah, e sábado passado eu vim para ver minha amiga Julie cantar com a banda dela, os Radicais Livres.

– É um nome meio subversivo – comentou Alex.

Jordan interrompeu:

– Não é subversivo. Radicais livres, em química, são moléculas ionizadas. É um trocadilho.

Ela apontou para o livro de química orgânica aberto em cima da mesa.

Amelia concordou:

– É isso mesmo. Julie é minha professora assistente na disciplina de química. Ela toca na banda com um grupo de alunos da graduação. Eu estudo Medicina.

– Entendi – disse Alex. – E o que tem de especial nas segundas, quartas e sextas?

– São os dias em que eu tenho aula de química. Venho aqui logo que acaba. Às vezes até antes.

– Sempre sozinha?

– Geralmente, sim, mas às vezes encontro alguns conhecidos aqui. Mas costumo ficar sozinha, o que para mim é ótimo, já que assim me concentro nos estudos.

– Essa é uma das razões para você vir? Estudar?

– Sim.

– E por que aqui?

Amelia fez uma pausa para refletir por alguns instantes.

– Acho que é porque é muito prático e consigo fazer muita coisa. É bem perto da faculdade, então posso vir logo depois da aula, com a cabeça ainda fresca. E é bem grande, então você consegue meio que se sentir sozinha, mesmo estando no meio de tanta gente. Menos chance de encontrar algum conhecido ou alguém notar você. Não que eu seja antissocial, é só que essa disciplina de química é bem difícil. Eu também gosto de ficar olhando as pessoas aqui... É bom quando preciso espairecer um pouco.

– Faz sentido – disse Alex. – Como você descobriu o Tazza?

– Um dia eu simplesmente entrei, voltando da aula para casa.

– Você estuda em algum outro lugar?

– Às vezes estudo na biblioteca, mas lá é tão calmo que qualquer barulhinho tira minha concentração. Além disso, dá a impressão de que todo mundo fica olhando para todo mundo. Isso me distrai. É engraçado... você poderia imaginar que seria mais sério na biblioteca do que neste café, mas a biblioteca sempre me pareceu mais como um cenário. O café é muito mais barulhento, mas é como se essa confusão criasse uma espécie de ruído branco no fundo, que ajuda a me manter concentrada.

Depois de uma breve pausa, Amelia continuou:

– Não consigo estudar em casa. Moro em um alojamento com mais três colegas. Lá sempre tem a tentação de sair para se divertir ou alguma confusão acontecendo. Só que este ano eu preciso levar muito a sério, porque ano que vem vou fazer a residência médica. Já tentei algumas vezes ficar estudando em uma sala de aula vazia, mas também não curti.

– Por que não?

– Era *silencioso* demais. Eu me senti meio solitária. Aqui, pelo menos, estou no meio das pessoas... Sei que parece estranho, porque acabei de dizer que não quero interagir com ninguém quando estou estudando! Acho que gosto de ficar sozinha, mas *com* gente por perto – concluiu Amelia, rindo.

Jordan percebeu que Alex ainda não tinha feito nenhuma pergunta relacionada à compra de café. Por isso, tomou a iniciativa:

– O que você está bebendo?

A grande xícara de Amelia estava cheia e parecia intocada.

– É só o café grande do dia, puro. Quando estou aqui, às vezes peço mais de um. Não sou muito de tomar café, mas é como se eu estivesse pagando o aluguel desta mesa. Afinal, eu sei que isto aqui é um negócio e me sentiria culpada se estivesse só ocupando espaço, sem consumir nada. Às vezes eu nem bebo. Acho que podia pedir um menor, mas de certa forma sinto que preciso pedir um grande como uma espécie de ingresso.

– Por que você não pede algo que de fato tomaria? – perguntou Jordan.

– Hum... boa pergunta. Faria muito mais sentido, não é? Talvez seja porque eu gosto do aroma. E também é uma coisa que me lembra minha casa. Meus pais são loucos por café, e talvez a visão e o cheiro façam eu me sentir conectada a eles de alguma forma. Eles são lá de Ohio. Só os vejo nas férias.

Alex retomou seu interrogatório:

– Tem alguma coisa na experiência aqui que incomode você? Que mudanças tornariam essa experiência melhor?

Amelia pensou por um instante.

– Tem uma coisa: tomadas! Só há algumas poucas disponíveis, espalhadas pelas paredes, e, como eu chego aqui no fim da manhã, todas já estão ocupadas. Sei onde ficam e, quando me sento a uma mesa distante demais para plugar meu notebook, fico toda hora examinando o salão à espera de alguém que libere uma dessas mesas "premium" com tomada. É meio chato. Ou, quando minha bateria acaba, começo a fazer anotações no papel, mas depois preciso voltar e passar tudo para o computador. Também é um saco.

– Entendo você – disse Alex. – Quando estou viajando, é comum me sentar em um café para mandar alguns e-mails de trabalho no computador, e a primeira coisa que faço é procurar as tomadas. Você também comentou que veio aqui recentemente, em um sábado à noite, ouvir a banda da sua amiga. Por que você resolveu vir ao Tazza naquela noite? É isso que costuma fazer aos sábados?

– Nunca. E provavelmente não faria de novo. Só vim para prestigiar Julie. Minha amiga Candace disse que eu só vim para Julie me dar uma nota melhor, mas, se ela soubesse alguma coisa sobre como é uma aula de química orgânica, entenderia que é impossível. Gosto de Julie e acho que vamos continuar amigas depois que as aulas acabarem.

– Por que você não faria de novo? – perguntou Alex.

– O lugar estava meio esquisito – respondeu Amelia. – Pouca gente. A maioria velhos. Quer dizer... não tem nada de errado com gente mais velha. Com todo o respeito.

– Tudo bem – tranquilizou-a Alex.

– Além disso, a banda de Julie parecia estar se divertindo, mas não era lá muito boa. Ainda bem que todos seguirão outra carreira.

– O que você gosta de fazer no sábado à noite?

– Sair com meus amigos. Ir a uma balada. Adoro música ao vivo também, mas tem que ser música boa. O mais importante é estar com meus amigos. Mas sou solteira, então não é tão ruim ter gente nova para conhecer, sabe? E eu tenho tão pouco tempo livre, com a sobrecarga do curso, que quando saio preciso aproveitar.

Eles continuaram assim por algum tempo, apurando detalhes do passado e da vida atual dela, inclusive o tipo de atividades e de bebidas de que ela gostava. Jordan se impressionou com a abertura de Amelia em falar com eles, até sobre detalhes pessoais, e pela duração da conversa – quase 45 minutos. Apesar disso, a conversa às vezes parecia divagar, deixando Jordan na dúvida sobre quantas informações úteis tinham sido obtidas.

Quando terminaram, os dois agradeceram a Amelia por seu tempo e entregaram o prometido vale-presente. Ao se afastar, Jordan expressou sua preocupação:

– Foi interessante, mas não sei se aprendemos muito.

Alex fez uma cara de surpresa.

– Pelo contrário. Demos um grande passo à frente. – Ele se inclinou e disse, em tom melodramático: – Não tenho dúvida de que em pouco tempo você vai mandar no Tazza e provavelmente no mundo... mas neste caso *você viu, mas não observou.*

– Isso é uma fala do Mestre Yoda? Parece do Yoda.

– Não. Sherlock Holmes. De *Um escândalo na Boêmia.*

Jordan não pôde conter o sorriso enquanto o acompanhava de volta à mesa-base. Aquilo era bem mais divertido do que fazer gráficos para Rob.

8

A DESCRIÇÃO DO TRABALHO

Assim que se sentaram novamente, Alex explicou:
– Confesso que sou fanático por Sherlock Holmes. Li a obra completa de Arthur Conan Doyle tantas vezes, quando era criança, que adquiri o hábito de citá-lo em horas estranhas. Incomoda minha mulher, mas ela aguenta. O que eu quis dizer com "ver e não observar" é que estamos olhando para o que Amelia nos contou através de lentes diferentes e por isso vemos coisas diferentes.

Alex continuou falando enquanto abria seu caderno e rasgava uma folha em branco.

– É como quando eu olho para as suas telas, cheias de números e gráficos. Mal consigo entender, mas você sabe que estão cheias de significado. Minha lente para esse tipo de dados... *big data*... é bastante embaçada. Mas, quando se trata de *small data*, minha lente é melhor. A boa notícia é que qualquer pessoa pode aprender.

– Eu adoraria aprender – disse Jordan. – Por onde começamos?

Alex respondeu rabiscando alguma coisa na folha que acabara de arrancar e colocando-a na mesa, entre os dois.

Descrição do trabalho: Amelia
Perguntas   *Descrição*

– Lembre-se das três coisas necessárias para uma boa investigação de mercado: uma linguagem, um método e uma mentalidade. Descrevi a parte mais importante da linguagem: os trabalhos que as pessoas estão tentando realizar. Se eu quisesse contratar você para um trabalho, de que você precisaria? Você precisaria de uma *descrição* desse trabalho. É isso que vamos criar para Amelia... e, ao fazer isso, você vai aprender o restante da linguagem. O método também vai começar a fazer sentido.

Alex virou o papel de modo que Jordan pudesse ler com mais facilidade.

– Vi que você estava fazendo anotações detalhadas durante nossa conversa. Qual foi o primeiro assunto que tratamos com Amelia?

Jordan deu uma olhada nas próprias anotações.

– Primeiro, você perguntou com que frequência ela vem aqui: hora do dia, com quem vem, esse tipo de coisa.

– Certo.

Alex escreveu na coluna de Perguntas: "Em que circunstâncias você está?"

Alex explicou:

– O ideal é entendermos as *circunstâncias* em que a pessoa se encontra ao tentar realizar um trabalho. Esse é o próximo elemento da nossa linguagem, e responder a essa pergunta é o primeiro passo no nosso método. Muitas coisas podem definir as circunstâncias de uma pessoa; algumas são situacionais, como a hora do dia, com quem você está, o que mais está fazendo, onde você se encontra. Penso nelas como fatores de *aproximação*, relativamente restritos no tempo e no espaço. Depois, existem fatores mais amplos, de *afastamento*, como o seu momento atual de vida, suas crenças, sua família ou seu status financeiro. Todas são coisas que podem mudar, porém mais lentamente.

Jordan entendeu de imediato a relevância.

– Então, para Amelia, as variáveis de aproximação são coisas como o caminho sozinha indo ou vindo da aula, de manhã. As variáveis de afastamento são coisas como a faculdade e a preparação para a residência médica. Na verdade, ela também disse que veio ao Tazza em um sábado à noite. Essa é outra circunstância de aproximação?

– Com certeza. Vamos anotar tudo na descrição.

Assim fez Jordan, virando a folha depois para mostrar a Alex.

Descrição do trabalho: Amelia

Perguntas	Descrição
1. Em que circunstâncias você se encontra?	De aproximação: - Fim da manhã OU: - Sábado à noite - Depois da aula - Com os amigos - Dias de semana - Sozinha Afastamento: - Faculdade de Medicina - Preparação para residência - Solteira, mulher, família em outro estado - Recebe financiamento e bolsa estudantil

Alex prosseguiu:

– Tendo descoberto as circunstâncias do cliente, você pode escolher se quer definir de forma ampla ou de forma restrita as circunstâncias de interesse para sua investigação. É como selecionar a amplitude na qual queremos focar nossa lente; pode ser uma fatia bem fina da vida e da experiência de alguém ou muito maior. Mas por ora só queremos captar os aspectos mais próximos e os mais afastados de Amelia.

Antes que Alex pudesse comentar mais alguma coisa, Jordan foi adiante:

– O assunto seguinte da conversa foi por que Amelia vem ao Tazza. Isso deve ter relação com os trabalhos que ela quer realizar.

– Isso mesmo. A segunda pergunta é "Que trabalhos você está tentando realizar?" – respondeu Alex, anotando na coluna das Perguntas. – Nas circunstâncias específicas dela, é claro. O que você descobriu sobre os trabalhos de Amelia?

Jordan voltou a consultar suas anotações.

– Ela veio ao Tazza para estudar. Você emendou com uma pergunta sobre isso e ela disse que é a principal razão para ela vir aqui depois da aula, tirando uma vez em que veio em um fim de semana à noite para ouvir a banda de uma amiga. Suponho, então, que fossem dois trabalhos diferentes: "estudar" e "me divertir com os amigos", ou "obter entretenimento", ou alguma coisa assim. Isso quer dizer que, dependendo das circunstâncias, pode haver trabalhos diferentes?

Alex constatou que a velocidade de processamento do cérebro de Jordan era ultrarrápida, pois ela havia acelerado muito além do ritmo lento das explicações dele e já via aonde ele queria chegar.

– Isso – respondeu ele. – É por isso que é tão importante entender as circunstâncias. A mesma pessoa pode contratar a mesma solução para trabalhos diferentes, conforme as circunstâncias. Ou uma solução pode ser ótima para uma circunstância, mas péssima para outra. Isso nos leva à terceira pergunta.

Alex a anotou abaixo das outras duas: "O que você contrata para executar esses trabalhos e por quê?"

– Certo – disse ele –, tem uma pegadinha aqui, pois esse

"por quê" final acaba sendo uma segunda pergunta. Mas você vai ver que elas estão intimamente relacionadas. Sobre isso, o que descobrimos?

– Bem, ela contrata o Tazza, é claro – respondeu Jordan. – Mas também citou a biblioteca e o alojamento da faculdade dela, explicando que é difícil estudar nesses lugares. Ah, e uma sala de aula vazia... outra solução ruim. Ela parecia bem satisfeita com o Tazza para o trabalho de estudar. Nem tanto com os trabalhos de sábado à noite. Para isso, ela prefere um bar ou uma boate, ou algum tipo de evento, como um show.

– Excelente – disse Alex. – Você ilustrou aqui dois aspectos fundamentais do método. O primeiro é que ele nos ajuda a compreender como as pessoas definem uma solução de qualidade para os trabalhos em circunstâncias diferentes. Para o trabalho número um, "estudar", Amelia *gosta* de ter poucos conhecidos no Tazza, porque assim ela se distrai menos. Mas para o trabalho número dois, "conectar-se com os amigos", o certo seria o contrário.

– Isso – interrompeu Jordan. – Ela disse que a biblioteca é silenciosa demais e por isso qualquer barulhinho tira a concentração dela. Além disso, todo mundo fica olhando todo mundo, outra coisa que a distrai. O alojamento parece estar fora de cogitação: é simplesmente um caos com gente indo e vindo, interrompendo-a, exigindo a atenção dela. Mas o Tazza funciona.

Alex concordou e prosseguiu:

– A segunda coisa que a busca de soluções nos ajuda a compreender é a *verdadeira concorrência* do Tazza, que uma vez mais depende do trabalho e das circunstâncias. Para o trabalho número um, a concorrência são a biblioteca e o alojamento, e provavelmente outros cafés. Para o trabalho número dois, são os bares, as boates e as casas de show.

– Fascinante – comentou Jordan. – É como se o Tazza estivesse competindo em dois mercados ao mesmo tempo.

– E provavelmente mais de dois – concordou Alex. – No fim vamos mapear tudo isso, depois que tivermos mais *small data* sobre outros tipos de cliente. Mas aprendemos até mais coisas sobre como ela define qualidade. O que, especificamente, ela disse que gosta no Tazza?

– Ela gosta do fato de ser espaçoso – respondeu Jordan. – É grande o bastante para ela se perder na multidão, sem ser notada. Ela gosta da agitação ao fundo... disse que é como um ruído branco que a ajuda a se concentrar. Suponho, então, que para ela *qualidade* signifique coisas como "a menor distração possível com ruídos ou outras pessoas", "um lugar onde dificilmente serei notada", o que pode ter a ver com o tamanho do lugar, esse tipo de coisa. Mas ela não gosta de *zero* ruído nem de *zero* gente; gosta de um pouco dos dois, para encontrar o estado de espírito ideal para estudar.

– Bom – disse Alex –, isso suscita outra questão. Compreender como ela define qualidade representa compreender as dimensões dessa qualidade. Neste caso, por exemplo, o nível de ruído ambiente e o que ela considera bom, ruim ou excelente nessas dimensões. Isso é *muito* importante, porque ajuda a compreender onde existem oportunidades para resolver melhor os trabalhos... aquilo que chamo de "cartazes de *procura-se*". Isso nos leva à última pergunta.

Alex escreveu na parte de baixo da folha: "Quais são os 'cartazes de procura-se'?"

Jordan já foi respondendo:

– Foi aí que você perguntou a ela o que poderia ser melhorado, não foi? Ela parecia bastante satisfeita de modo geral. Mas chegou a comentar que há poucas tomadas... e eu *super* me identifico com isso. Além do mais, tinha aquele negócio estranho de comprar café mesmo sem tomá-lo, todas as vezes. Ela disse que se sentia obrigada, que era como "pagar o aluguel" da mesa. Mas o café pelo menos dá a ela a sensação de conexão com a família. Espere... isso seria mais um trabalho? "Me sentir conectada com minha família quando estou longe de casa." Na verdade, ela está contratando o Tazza e o café para isso, mesmo que não seja uma grande solução.

– Ótimo... Vamos acrescentar isso à descrição. Você poderia considerar a compra do café como um quebra-galho. É uma solução que a pessoa improvisa porque o trabalho é verdadeiramente importante, mas não existe boa solução disponível. Achar uma situação assim costuma ser um sinal de uma ótima oportunidade de negócio, porque revela um trabalho importante sem uma solução adequada.

Jordan mostrou o próprio copo de café descartável e apontou para a pequena "luva" de papelão.

– Um exemplo disso: na idade das trevas, antes de existir esse negocinho para evitar que a gente queimasse os dedos, as pessoas simplesmente colocavam um copo dentro de outro. Aí alguém teve a ideia dessas luvinhas, que funcionam do mesmo jeito e economizam papel. Provavelmente isso pagou o veleiro com que esse cara agora fica dando voltas na própria ilha particular.

– E a oportunidade estava diante do nariz de todos o tempo todo – concordou Alex. – Literalmente, toda vez que tomávamos um gole. Enfim, é isso: essas quatro perguntas formam a espinha dorsal do método que estamos usando. Elas enquadram todos os tipos de informação que estamos procurando, relacionados na coluna da direita. Tendo compreendido todos esses termos, você também já fala oficialmente o idioma. Vamos capturar tudo isso na descrição do trabalho para cada pessoa com quem conversarmos.

Tudo isso fazia sentido para Jordan, e ela rapidamente preencheu o restante da descrição dos trabalhos.

– Uma coisa que me impressiona é a quantidade de detalhezinhos da experiência Tazza que importam para Amelia –

comentou. – Dá para ver isso em muitos detalhes da descrição do trabalho. Vou misturar metáforas, mas é como se a descrição definisse a forma da fechadura e a experiência no Tazza fosse a chave que se encaixa perfeitamente.

– Ótima observação. Quase sempre é esse o caso – concordou Alex. – Geralmente os produtos que mais amamos são aqueles que casam com os requisitos das descrições dos nossos trabalhos... até os mínimos detalhes. É por isso que todos os elementos da nossa linguagem são importantes. Eles nos proporcionam uma forma de captar a riqueza de detalhes de que necessitamos. Ignorar esses detalhes é um ótimo jeito de perder clientes. Sherlock foi quem melhor definiu: "É um velho axioma meu que as pequenas coisas são infinitamente mais importantes." Do conto "Um caso de identidade".

– Legal – disse Jordan, ainda se divertindo com o hábito de Alex de fazer citações. – Mas tem uma coisa que não entendo... Você disse que essas quatro perguntas formam a espinha dorsal do método. Mas não chegou a fazer de fato nenhuma dessas perguntas a Amelia. Por quê?

Descrição do trabalho: Amelia

Perguntas	Descrição
1. Em que circunstâncias você se encontra?	**De aproximação:** – Fim da manhã OU: – Sábado à noite – Depois da aula – Com os amigos – Dias de semana – Sozinha **Afastamento:** – Faculdade de Medicina – Preparação para residência – Solteira, mulher, família em outro estado – Recebe financiamento e bolsa estudantil

Perguntas	Descrição
2. **Que trabalhos** você está tentando realizar?	**Trabalhos funcionais, sociais, emocionais** - Estudar - Passar tempo com os amigos - Entreter-se - Sentir-se conectada com a família
3. O que você **contrata** para executar esses trabalhos e **por quê**?	**Soluções atuais/Improvisações** - Tazza - Biblioteca / Alojamento - Bares / boates / casas de shows **Definição de "qualidade"** - Sem distrações - Ruído branco de fundo - Espaço grande/ grande o bastante para ficar anônima / esconder-se na multidão - Acesso a tomadas para o notebook - Não muito longe do alojamento e da faculdade
4. Quais são os **"cartazes de procura-se"**?	- Mais acesso a energia - Novas pessoas a conhecer - Música de melhor qualidade

– Bem, temos que usar uma linguagem que ela compreenderia, já que ela não conhece esse nosso vocabulário um tanto estranho. Pense nas quatro perguntas como um guia para as informações que estamos tentando reunir: mais fundamentais do que as técnicas que usamos para respondê-las. Algumas técnicas são melhores que outras, é claro. A minha favorita é aquilo que acabamos de fazer: conversar diretamente com os clientes. Mas você pode obter informações úteis de várias formas: entrevistas, grupos focais, observação, até reinterpretando pesquisas que já realizou. Desde que esteja fazendo as perguntas certas. Aposto até que todos esses métodos modernos de *big data* que você poderia me ensinar... supondo que eu seja capaz de aprendê-los, o que é supor muito... poderiam ajudar a respondê-las.

Mais uma vez, Jordan parecia estar processando, até que disse:

– Então o princípio poderia ser: *As perguntas que você faz não são as perguntas que você busca responder.*

– Ok, essa parece *mesmo* ser do Yoda – comentou Alex.

Isso, de certa forma, agradou a Jordan.

– Estou entendendo como todas as peças se encaixam – disse ela.

– Que ótimo – comentou Alex. – Porque é você quem vai comandar a próxima entrevista.

Antes que Jordan pudesse reclamar, Alex se dirigiu a outra mesa, cujos ocupantes pareciam mais diferentes de Amelia do que Jordan poderia imaginar.

9

O NOVO TERRITÓRIO

Os três homens grisalhos sentados à mesa que Alex e Jordan abordaram estavam envolvidos em algo que parecia ser um jogo de dominó com peças gigantes, com caracteres chineses inscritos nelas.

– Isso não acontecia quando Barb estava aqui – reclamou o ocupante solitário de um dos lados da mesa.

Ele pegou uma peça da pilha no centro do tabuleiro e colocou-a, com ar de desagrado, virada para si.

– Joga logo, Gerald – retrucou o homem sentado bem em frente a ele. – Você só está bravo porque está perdendo a quinta da semana e sua chance de ganhar o título do mês é basicamente zero.

– Você tinha dito que essa não ia contar para o nosso ranking – argumentou Gerald.

– Nada disso. O que não vai contar é o jogo de quinta no O'Sullivan. E isso porque você derrubou ketchup no tabuleiro.

Para surpresa de Jordan, Alex interrompeu-os, apresentou a si mesmo e a Jordan ao grupo e explicou seus objetivos. Para surpresa ainda maior dela, os três concordaram em falar com eles. Gerald parecia até ansioso por isso.

– Sentem-se, por favor – disse Gerald. – Vocês chegaram bem na hora: me salvaram de uma derrota vergonhosa para o pior jogador de mahjong da região. Meu nome é Gerald. Este é Al e este é Chuck. Eles são supostamente meus amigos.

Enquanto se cumprimentavam, os três abriram espaço em torno da mesa. *Bom, chegou a hora*, pensou Jordan, entrando em cena:

– Muito obrigada por cederem um tempinho para falar com a gente. Estou vendo que vocês estão jogando mahjong. Tem alguém faltando? Eu sei que em geral não são três jogadores.

Alex ergueu a sobrancelha para Jordan. Ela reagiu dando de ombros e dizendo:

– Eu gosto de jogos.

– É, sim... antigamente éramos quatro – respondeu Chuck. – Mas infelizmente nossa amiga Barb já não está conosco.

Antes que alguém pudesse oferecer condolências, Gerald acrescentou:

– Não se preocupe, ela não morreu. Só não gosta mais de vir aqui.

– É, agora ela prefere o Country Club, com aqueles amigos ricaços todos – acrescentou Chuck. – Além disso, lá tem mais solteirões. – E olhou para Gerald de um jeito maroto.

– É só ciúme seu, você sabe que eu era o favorito dela – respondeu Gerald.

– Vai sonhando, velhinho – disse Chuck, sorrindo e dando um tapinha no ombro de Gerald.

Era evidente que todos eram bons amigos e que parte da graça consistia em provocarem uns aos outros.

O ritmo e a imprevisibilidade da conversa fizeram Jordan dar valor ao papel da "descrição do trabalho" como guia para orientar esse tipo de entrevista. O destino de Barb parecia digno de mais investigação, mas ela resolveu deixar esse ponto para depois e começar pela primeira das quatro perguntas: *Em que circunstâncias vocês estão?*

– E então, com que frequência vocês vêm aqui? – perguntou. – E vocês vêm sempre juntos?

– Ah, sim, nós nos conhecemos desde a Antiguidade – disse Chuck.

– Desde antes da descoberta da eletricidade – acrescentou Gerald.

– Antes da descoberta do fogo, no caso do Gerald – disse Al.

Gerald revirou os olhos.

– Crescemos juntos. Mesmo bairro, mesmas escolas, jogamos no mesmo time de futebol americano, só que na cidade vizinha. Andamos mundo afora, em empregos diferentes, mas acabamos voltando para cá depois da aposentadoria.

– A gente passa a maior parte das tardes nos dias de semana aqui, em geral na hora do almoço – acrescentou Al.

– Vocês sempre se sentam nesta mesma mesa? Sempre jogam mahjong?

– Nós *preferimos* nos sentar nesta mesa – respondeu Chuck. – Tem o tamanho e o formato certo para jogos. Mas nem sempre conseguimos. Hoje em dia sempre tem algum garotão metido a besta jogando conversa fora no celular e olhando para a tela do computador como se estivesse em transe.

Para ressaltar o que dissera, Chuck apontou para um homem a algumas mesas de distância que parecia estar falando sozinho, mas que na verdade falava em um minúsculo fone branco pendurado na orelha.

Al explicou:

– Esta aqui sempre foi a nossa mesa. As pessoas a deixavam livre para nós. Ou nossa barista favorita reservava para a gente, para estar disponível na hora em que chegássemos. Só que ela foi embora uns meses atrás. Agora a gente tem que se virar.

– Ela ainda trabalha no Tazza – acrescentou Chuck. – Foi daqui para melhor, acho. Bom para ela, é claro. E não, nem sempre a gente joga a mesma coisa. Muda todo mês. Este é o Mês do Mahjong. Mês que vem vamos jogar pôquer, o que é ótimo, porque Gerald é rico e eu preciso de dinheiro para consertar meu carro.

– Não há quantia alguma que salve aquela lata-velha – retrucou Gerald.

Chuck curvou-se em direção a Jordan e sussurrou:

– Isso é inveja mesmo.

Jordan mais uma vez ficou feliz por se lembrar de que havia a descrição para orientar a conversa. Sem isso, seria fácil perder o rumo. Ela deu uma olhada no caderno e decidiu passar ao tema seguinte: *Que trabalhos vocês estão tentando realizar?*

– Então, por que vocês gostam tanto de vir aqui? – perguntou.

Chuck foi o primeiro a responder:

– Não temos como pagar o Country Club. Quer dizer, Al e eu não temos. Gerald poderia comprar títulos de sócio para todo mundo aqui neste café. Mas mesmo assim provavelmente continuaríamos vindo ao Tazza. É que gostamos daqui. A gente se sente em casa. Faz anos que a gente vem aqui.

Gerald corroborou:

– Pode ser que você não perceba, sendo tão jovem, mas, quando tiver nossa idade, é fácil se isolar. É preciso se esforçar para continuar conectado com as pessoas. Somos todos viúvos, o que dificulta ainda mais. Ter um lugar para vir sempre e uma coisa para fazer nesse lugar nos dá um motivo para sair de casa.

– Eu me identifico com isso – disse Jordan. – Quer dizer, não com a parte da viuvez... É que, quando eu vim morar aqui, também me senti bem isolada. Aí comecei a frequentar o Tazza... aquele no North End... quase todos os dias. Via os mesmos rostos, as mesmas rotinas, ouvia os mesmos sons. Em pouco tempo também comecei a me sentir mais em casa. Aquilo me dava a sensação de estar conectada a um lugar, uma comunidade. Menos sozinha.

Todos pareciam ter curtido aquele breve instante de revelações pessoais. Jordan decidiu passar ao tema seguinte:

– E o que faz vocês se sentirem em casa neste lugar? – *O que vocês contratam para realizar esses trabalhos e por quê?*

Al foi o primeiro a falar:

– As pessoas, para começar. Rostos conhecidos. Como Gerald disse, faz muito tempo que a gente se conhece. Conhecemos vários frequentadores e os funcionários são legais de verdade, embora a gente ainda esteja conhecendo o pessoal novo.

– E também dá para ver TV enquanto esperamos Gerald jogar – acrescentou Chuck. – É um tempão esperando.

Chuck curvou-se de novo e sussurrou para Jordan:

– Gerald é um péssimo jogador. No tempo dele, foi um advogado de primeira linha... foi assim que ficou tão rico. Mas é péssimo jogador.

Gerald fez cara feia para Chuck, mas não respondeu à gozação.

– Legal também que o lugar seja tão grande, assim a gente não se sente culpado de ocupar tanto espaço – acrescentou.

Jordan continuou seu interrogatório em busca de outros trabalhos para os quais o grupo estivesse contratando:

– Há outros lugares onde vocês têm a mesma sensação de comunidade e conexão?

– O O'Sullivan's – respondeu Al. – É um bar nessa mesma rua, mas só abre às cinco. Não somos lá muito boêmios... todos nós vamos dormir bem cedo, então não é o ideal. Além disso, é um espaço bem pequeno.

– E as mesas são cheias de gordura – acrescentou Chuck. – Para o carteado não é bom.

– Eu visito meus filhos às vezes, e também meus netinhos –

disse Gerald. – Adoro fazer isso, mas é um pouco diferente. E quando jogo com meus netos sinto necessidade de deixar que eles ganhem.

Chuck ia fazer outro comentário sarcástico, mas Gerald fez uma cara que o dissuadiu.

– Vocês três moram por aqui? – perguntou Jordan. – A localização do Tazza ou do O'Sullivan's é importante?

– Claro que é. Todos nós moramos a menos de dez minutos a pé. Senão seria difícil nos encontrarmos com tanta frequência.

Dando uma nova olhada em suas anotações, Jordan decidiu passar à última pergunta:

– Haveria alguma coisa que poderíamos fazer para tornar melhor a experiência de vocês aqui? O que tornaria este lugar ainda mais atraente? – *Quais são os cartazes de "procura-se"?*

Gerald respondeu sem pestanejar:

– Mais solteiras setentonas.

– Ou sessentonas – retrucou Al. – E mais, que tal algum tipo de reserva de mesa? Assim a gente sempre pegaria esta aqui, como se fosse uma vaga de estacionamento particular.

Chuck ficou pensativo por um instante e então disse:

– Sabe, eu trabalhei por muitos anos com marketing. Um conselho que eu daria a vocês é não mudar tanto as coisas. De uns tempos para cá parece que tem sempre alguma promoção nova, alguma coisinha que inventaram. Um tempo atrás recebi um aviso me convidando para virar membro de uma espécie de programa de fidelidade... o Clube dos Conhecedores, ou algo assim. Mas sabe da maior? Eu não tomo café. Não pense que não gosto de coisas grátis. Mas me deu a impressão de que o Tazza não me conhece direito. É o contrário de como eu sempre me sentia antes.

– São todas ótimas ideias – respondeu Jordan. – Mas não sei se consigo garantir mais frequentadoras solteiras. Aliás, por que vocês acham que Barb sumiu?

– Para ser franco, acho que nenhum de nós sabe ao certo – respondeu Al. – Ela gostava daqui mais do que todos nós. Foi meio um choque para todos. A gente acha que ela precisava dar uma mudada ou talvez quisesse sair mais com as amigas. Mas o fato é que todos nós sentimos falta dela. Ainda achamos que um dia ela pode voltar.

Jordan sentiu que já tinha aprendido bastante e encaminhou o encerramento:

– Bem, obrigada a todos vocês pelo tempo que me dedicaram.

Alex finalmente abriu a boca:

– Outra pergunta: vocês acham que Barb se incomodaria se falássemos com ela? Estamos tentando entender por que as pessoas não vêm mais ao Tazza... e talvez até possamos convencer algumas delas a voltar.

Alex tentou não olhar para Gerald ao dizer isso.

Gerald se animou.

– É claro! Vou anotar o e-mail dela para você. Tenho certeza que ela adoraria falar com você. Diga só que foi Gerald quem lhe deu o contato. Diga assim mesmo: *Gerald me deu o seu contato.*

– Farei isso – respondeu Alex.

Ele tirou um vale-presente de 20 dólares para cada um dos três, mas, na hora de entregá-lo a Gerald, Chuck pegou antes e disse:

– Eu fico com isso.

10

MAIS PISTAS

Enquanto se afastavam da mesa dos três amigos, Alex sussurrou para Jordan:

– Foi incrível! Executado com perfeição! Você leva jeito. Muito bom mesmo.

– Obrigada, Alex! Foi mais fácil do que achei que seria... e divertido. Acho que aprendemos muita coisa, mas ainda preciso de tempo para processar tudo. Temos que preencher outra ficha de descrição dos trabalhos para os três amigos?

– É claro – disse Alex. – Mas sugiro fazermos mais algumas entrevistas antes de terminarmos o dia de trabalho. Assim teremos uma amostra maior de *small data* para revisar amanhã.

– Tudo bem. Quem é o próximo? Como você escolhe as pessoas com quem falar?

– Boa pergunta. Já que estamos começando a criar nosso mapa, é melhor identificar diferentes tipos de pessoa, para ter a maior amostra possível do território. É por isso que passamos de Amelia para os três velhos amigos.

– Então o princípio seria "Selecione os extremos" – concluiu Jordan. – Pelo menos no começo.

– Gostei. Que tal se eu conduzir a próxima entrevista? Isso me lembrou outra boa prática: fazer as entrevistas em dupla, se possível. Uma pessoa sempre percebe alguma coisa que a outra não viu. Além disso, dá para revezar, assim nenhuma das duas fica muito cansada.

Alex percorreu o salão com os olhos, em busca do próximo alvo.

– Acho que encontrei nosso próximo extremo – disse ele. – Vamos lá.

Jordan viu que Alex estava seguindo diretamente para o homem de negócios para o qual Chuck tinha apontado, pouco antes, como evidência do declínio do Tazza. *Boa escolha*, pensou ela, indo atrás dele.

Ao contrário das pessoas abordadas até então, o homem mostrou-se francamente irritado com a interrupção. Mas Alex apresentou-se de forma educada e o homem, chamado Mike, concordou em falar com eles.

– Só tenho alguns minutos – enfatizou, olhando para o relógio. – Uma higiene mental pode ser útil. Estou resolvendo um negócio importante aqui.

Jordan conjecturou se um dos trabalhos que ele queria realizar seria ter o ego massageado por gente interessada em entrevistá-lo, mas se deu conta de que isso não era necessariamente ruim.

– Obrigado, Mike – respondeu Alex. – Entendemos que você está ocupado e tomaremos o menor tempo possível.

Como nas duas conversas anteriores, Alex começou investigando as "circunstâncias" do homem.

– Você mora aqui por perto?

– Não – respondeu Mike. – Moro na Flórida. Estou na cidade para uma convenção no hotel aqui da rua. É lá que estou hospedado.

– Que tipo de convenção? – indagou Alex.

– Conferência de vendas médicas. Uma dessas mamatas de empresa. Eu fui o maior vendedor do Sudeste americano no ano passado... nos últimos três anos, na verdade... e por isso ganhei a viagem com tudo pago para esta conferência. Claro que aqui também há clientes em potencial, então é um bom terreno de caça. É preciso manter a roda girando, certo?

– É mesmo – respondeu Alex. – Por que você veio a este café hoje?

– Recomendação do hotel. Precisava só de um lugar para trabalhar durante a tarde. Desculpe por não ajudar, mas não foi uma decisão difícil. O lugar não me importa tanto, desde que tenha wi-fi e café.

– Por que não trabalhar no hotel mesmo? No saguão?

– Muita gente conhecida lá. Interrupções o tempo todo. Gente pedindo conselho ou só querendo roubar um pouquinho do toque de magia do velho Mike.

– Entendi. Por que não trabalhar no próprio quarto?

– Você está brincando, né? É triste demais. E eu não sou um perdedor total. Gosto de trabalhar com gente em volta, mesmo sem conversar.

– Saquei. Que tipo de trabalho você faz quando vem a este café?

– Basicamente, relacionamento com clientes. Faço ligações... novas possibilidades ou discussões iniciais. E atualizo as informações nas minhas planilhas.

– Você marca reuniões aqui? Ou pensaria em marcar?

– Não. Para isso, não é meu tipo de lugar. Preciso cuidar da imagem, certo? É um produto premium. Só encontro os clientes em restaurantes de primeira ou em salas de reunião executivas. Até já tentei um desses *coworkings*, que viraram uma febre, mas foi péssimo. Muito amador. Gente andando de skate no corredor. Pets pra lá e pra cá. Juro que uma vez vi um cachorrinho pular na mesa de reunião e derrubar uma jarra de água no projetor.

– Dá para imaginar como isso distrai – comentou Alex. – Aqui no Tazza há um espaço para reuniões que dá para alugar. Acabou de abrir e eles estão tentando atrair empresários como você. Por que não usá-lo?

– É, eu vi isso. Mas não tem o meu padrão. Talvez sirva para o conselho de pais da escola ou pequenas empresas. Duvido que um executivo de empresa grande use.

– Entendo. Alguma coisa que possamos fazer para tornar a experiência melhor para quem vem aqui a trabalho?

– Não sei. Não sei mesmo. Talvez baixar a música? Ou reduzir o movimento de gente. Às vezes fica difícil ouvir minhas ligações, sabe?

Como se estivesse esperando a deixa, o celular de Mike tocou.

– Olha, amigo, preciso atender agora. Bom falar com você. Boa sorte.

Alex balbuciou baixinho um agradecimento e ele e Jordan voltaram para a mesa-base.

– Uau! – exclamou Jordan. – Que coisa esquisita.

Alex sorriu.

– Sim. Nesse tipo de trabalho você encontra um elenco bem eclético. Mas aprendemos muita coisa com ele. Com certeza nossa amostragem é de extremos. Vamos fazer mais uma entrevista antes de encerrar o dia. Por que você não escolhe o próximo e conduz?

– Ok. – Jordan fez uma varredura completa do salão antes de se fixar em duas mulheres com roupa de ginástica conversando baixinho em um canto. – Ali. Vamos falar com elas.

Depois de se apresentarem e serem mais uma vez convidados a se sentar, Jordan deu início à entrevista do jeito que tinha aprendido. Ficaram sabendo que as mulheres haviam se tornado amigas no estúdio de ioga que ficava ao lado e que costumavam tomar café no Tazza depois da aula. Olivia era dona de casa, estava na faixa dos 30 anos e tinha dois filhos pequenos. Maggie era advogada, solteira e tinha cerca de 25 anos. Ambas moravam a poucos minutos do café e claramente "contrataram" o Tazza para o trabalho principal de conectar-se com amigos.

Mas Jordan foi descobrindo outras coisas à medida que o interrogatório prosseguia.

– Maggie, você comentou que é a segunda vez que vem aqui hoje, e a primeira foi de manhã cedo. Pode descrever sua experiência hoje mais cedo?

– Claro. Toda manhã, de segunda a sexta, exceto quando estou viajando a trabalho, dou uma passada no Tazza assim que abre, às seis, só para tomar um copo grande de café puro no caminho para o trabalho. Torra francesa. Eu diria que não fico mais do que cinco minutos, então é só mesmo para uma dose matinal de cafeína. Para ser franca, ter me tornado sócia recentemente do escritório de advocacia não é bem o ideal para quem acorda cedo. E é comum eu ficar até tarde trabalhando... então não sei o que eu faria sem esse *shot*.

– Por que você vem até aqui? – perguntou Jordan. – Na sua casa não tomam café?

– Essa é uma excelente pergunta – respondeu Maggie. – Em casa eles tomam, sim. E meu pai sempre me diz que sou louca, porque poderia tomar café de graça se esperasse mais 20 minutos. Acha que estou desperdiçando dinheiro. Chegou a me mandar uma planilha calculando o valor que eu economizaria a longo prazo se aplicasse o dinheiro em um fundo de previdência em vez de gastar toda manhã com café. Nem dei bola.

Alex evitou comentar que achava bem sensato o que o pai dela fez. Ele realmente estava ficando velho.

– Por que você ignorou? – perguntou Jordan. – Não era tanto dinheiro assim?

– Ah, não, pelo contrário. Era um valor alto... tão alto que nem tenho coragem de contar. Mas eu ganho um bom salário e tenho o cuidado de poupar, então não me sinto mal quanto a isso.

– Por que, então, vir aqui? O café é muito melhor?

Maggie deu risada.

– Na verdade, também tomamos café do Tazza no escritório. Acho que virou parte da minha rotina. De certa forma, começar o dia vindo aqui me ajuda a refrescar a mente, é como apertar o botão de *reset*. É um pouco de caminhada, e também gosto disso, e não tão longe que tome muito do meu tempo. Quando estou aqui, sempre encontro um rosto conhecido. Às vezes fico uns minutos batendo papo. É uma espécie de ritual matutino, entende? Isso me ajuda a me centrar no meio de uma semana de trabalho que costuma ser insana. Minha impressão é que, se eu for direto para o escritório, não vou ter outra chance de clarear a mente. Não vai ser de noite, voltando para casa, porque fico cansada demais.

– Eu me identifico com isso – disse Jordan. – E quanto a você, Olivia? Claramente, é importante para vocês duas passarem um tempinho colocando a conversa em dia, mas tem outros ganhos em vir ao Tazza logo depois da aula de ioga?

– Ah, sim – respondeu Olivia. – Eu faço uma pausa! Tenho dois meninos com menos de 10 anos. Adoro ser mãe. Eles são um tesouro. Mas me dão uma canseira! Preciso de uma boa dose de energia... e de planejamento... para tirá-los da cama, depois alimentar, verificar se vestiram a roupa do lado certo e não atrasar para a escola. A essa altura já estou esgotada, mesmo com o dia só começando. A ioga me revigora, e depois, jogar conversa fora com Maggie é tão bom! Poder interagir com um adulto! E viver um pouco pelos olhos dela, devo dizer.

Jordan ficou mais confiante ao conduzir a conversa e continuou investigando as dimensões da descrição do trabalho até sentir que tinha as informações de que precisava. Depois que ela e Alex terminaram, agradeceram às duas mulheres, guardaram suas coisas e rumaram para a saída.

Jordan estava empolgada, mas exausta.

– Consome muita energia conduzir essas entrevistas – comentou. – É como se você tivesse que tomar conta de duas conversas ao mesmo tempo: com a pessoa com quem está falando e consigo mesmo, dentro da cabeça, monitorando as ideias novas que surgem e que você ainda vai ter que processar.

– É como eu me sinto também – disse Alex. – Por isso é importante ter um método confiável para conseguir captar o que é necessário na etapa seguinte da nossa investigação.

– Que vem a ser...? – perguntou Jordan.

– Vamos deixar isso para amanhã – respondeu Alex. – Sugiro descansarmos um pouquinho hoje à noite. Precisaremos de toda a nossa energia mental para avançar com a velocidade necessária. O tempo está passando e Cate está contando conosco.

11

PADRÕES

Na manhã seguinte, Alex e Jordan voltaram a se encontrar na sede do Tazza. Depois de recarregarem as energias na torneira de café gelado no lobby, sentaram-se para trabalhar em uma sala de reunião. Era uma de várias salas criadas para *brainstormings* e reuniões para debater problemas, nas quais todas as paredes serviam de quadros-brancos.

– Minha filha ia adorar isso – comentou Alex. – Paredes onde se pode rabiscar.

– Só que pode virar um mau hábito – comentou Jordan. – Uma vez eu fiquei tão compenetrada em um exercício de matemática que acabei escrevendo algumas equações na parede da sala do meu apartamento. Consegui limpar quase tudo, mas, se você olhar bem, ainda dá para ver. Se Mark, o meu noivo, descobrisse, ia ficar nervoso. Ele é meio obcecado por limpeza.

– Tomara que ele não veja, então. Bom, vamos começar completando o restante da descrição dos trabalhos de ontem?

– Já está feito – respondeu Jordan, tirando da mochila uma pilha de papéis. – Preenchi ontem à noite. Também criei um *template* no meu computador, para passarmos a digitar de agora em diante.

– Uau! Isso é ótimo, Jordan. Gostei muito.

– Não é nada de mais. É até bem simples. E ainda deu tempo de ler isto – disse ela, retirando um livro da mochila. – Concluí que, se *algum dia* existisse um curso para virar detetive de mercado, este aqui faria parte da bibliografia recomendada. Encontrei em um sebo no caminho, ontem à noite.

Alex viu que ela estava segurando um exemplar bastante gasto de *As aventuras de Sherlock Holmes*.

– Ah! Melhor ainda! – exclamou ele, impressionado mais uma vez pelo incrível poder de processamento da mente de Jordan. – Esse é um dos meus grandes favoritos. Vamos ter que comentar, quando tivermos tempo.

– Combinado. Bom, vamos lá: como analisar tudo isso? Qual é a próxima etapa do processo?

Alex pegou uma caneta pilot e foi até a parede mais próxima.

– Antes, vamos recapitular até onde já fomos. Começamos este trabalho porque existe um mistério de mercado a ser resolvido. Um caso para desvendar. Antes de nos conhecermos, cada um de nós já tinha começado a elaborar hipóteses sobre o que estava acontecendo, só que de pontos de vista diferentes. Sempre tem um primeiro passo: descrever as características básicas do caso, mesmo que você não disponha de muita informação. Assim você tem clareza do problema que está tentando resolver. Também ajuda no reconhecimento de padrões, já que com o passar do tempo você vai criando uma biblioteca mental de casos semelhantes à qual pode recorrer.

– Espere. Isso me lembra uma coisa que Sherlock disse – interrompeu Jordan, pegando o livro e folheando-o apressadamente, em busca de uma citação. – Aqui: "Via de regra, ao ouvir alguma ligeira indicação do curso dos eventos, pude me orientar através de milhares de outros casos semelhantes que me vieram à memória." Da história "A liga dos cabeças vermelhas".

– Bacana. Você ainda vai pegar o jeito das citações de Sherlock Holmes – disse Alex, rindo. – Mas essa é perfeita. No começo do caso, é provável que você possua apenas algumas informações básicas sobre a situação. Por isso, o primeiro passo é combinar esses fatos com sua experiência anterior para *imaginar* o que possa estar acontecendo. É por isso que eu chamo esse passo inicial de "Imaginar". É onde você esboça sua compreensão atual do caso e algumas hipóteses.

Alex escreveu isso no quadro-branco, dentro de uma grande seta que representava o passo inicial.

– Isso não entra em conflito com a ideia de começar a investigação com a mente de principiante? – perguntou Jordan.

– É um equilíbrio delicado que se deve encontrar – respondeu Alex. – Você vai precisar de *algumas* hipóteses iniciais, ou não saberá por onde começar. Mas deve lembrar que são apenas hipóteses iniciais. E também estar preparada para adaptá-las ou mesmo abandoná-las assim que começar a falar com os clientes.

Jordan assentiu em sinal de compreensão, então Alex continuou:

– Isso me leva ao segundo passo: "Investigar". É nele que se passa a maior parte do tempo: na rua, conversando com as pessoas, observando, buscando pistas. Começamos com isso ontem e vamos fazer muito mais ao longo da semana. Enquanto estiver investigando, o ideal é captar e organizar o que a gente descobrir, usando ferramentas como a descrição do trabalho, em um formato que seja útil para o terceiro passo: "Interpretar".

Alex completou o desenho no quadro-branco.

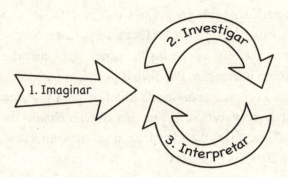

– Na prática – continuou ele –, os passos dois e três não são lineares, mas uma espécie de ciclo. Você investiga, depois interpreta as informações que colheu, o que por sua vez afeta a próxima coisa a investigar, e assim por diante. Por isso eu desenho assim, em forma de círculo. Aos poucos, com algumas voltas, o que está acontecendo começa a entrar em foco.

Antes que Alex pudesse dizer algo mais, Jordan o interrompeu e começou a rabiscar em cima do desenho dele.

– Acabei de notar uma coisa... Um ex-professor meu adorava encontrar imagens simples para representar ideias e eu adquiri esse hábito. Seu desenho meio que parece uma lupa. O primeiro passo é o cabo, que você segura para apontar na direção do caso que está tentando desvendar. O círculo é como a lente pela qual você olha, e, enquanto você gira pelos dois passos do ciclo, a imagem do que está acontecendo vai ganhando foco. Que tal?

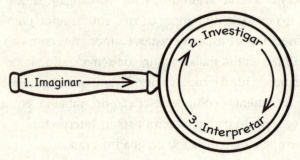

– Genial! – respondeu Alex. – O que seria de um detetive sem uma lupa? Nada mais simbólico, nos romances policiais, do que isso. Mas tem mais uma coisa de que necessitamos nesse quadro: é o que vai dentro da lente. É a coisa que estamos tentando colocar em foco, e a resposta à pergunta que você fez, sobre como interpretar o que está acontecendo.

Alex desenhou uma pequena grade dentro da "lente".

– O que é isso? – perguntou Jordan.

– Eu chamo de *mapa do mercado*. É a ferramenta-chave para compreender por que somos "contratados"... e por que somos "demitidos". Vai nos ajudar a entender onde atuamos hoje, com quem competimos e por que ganhamos ou perdemos. E vai trazer ideias do que fazer para nós e sobretudo para a equipe de liderança do Tazza. Fica bem no centro da lente porque todos os ciclos de investigação e interpretação vão deixar o mapa do mercado em um foco bem mais nítido. Mas já sabemos o suficiente para criar uma grade inicial. Então, é a próxima coisa que faremos.

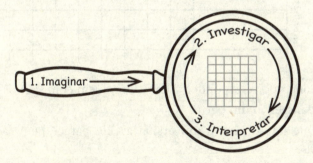

Alex passou para uma parede em branco e desenhou uma versão bem maior da grade.

– A primeira coisa de que a gente precisa, em qualquer mapa, são coordenadas, como latitude e longitude. Em mapas do mercado, a latitude são os "trabalhos" que as pessoas querem executar e a longitude são as "circunstâncias" em que surgem esses trabalhos. Cada quadrado dessa matriz é um lugar em potencial onde o Tazza pode atuar, definido pela interseção de um trabalho com uma circunstância. Vamos começar a preenchê-lo e você vai ver como funciona. Que descrição dos trabalhos nós temos, a partir das nossas conversas de ontem?

Jordan espalhou tudo pela mesa.

– Temos quatro perfis, talvez cinco. Mike, o executivo; Amelia, a universitária; os três velhos amigos; e, finalmente, Maggie e Olivia, que entrevistamos por último. Acho que essas últimas têm perfis bem distintos, já que os trabalhos e as circunstâncias delas são um tanto diferentes. Por isso, separei as duas. Se estiver de acordo, isso dá cinco.

Mapa do mercado para:
Tazza — Circunstâncias

Trabalhos

– Concordo – respondeu Alex. – Por quem começamos?

Jordan pegou um perfil.

– Que tal Amelia, a universitária? Ela parece bem fácil de entender.

– Ótimo – respondeu Alex. – Bem, os mapas do mercado têm uma coisa importante: muitas empresas sentiriam a tentação de encaixar Amelia em um quadrado só. Mas para ela são pelo menos dois, cada um correspondendo a uma das circunstâncias em que identificamos que ela "contratou" o Tazza.

Para ilustrar, Alex preencheu as duas primeiras colunas de Circunstâncias com "Fim da manhã" e "Sábado à noite".

– Estou rotulando essas duas circunstâncias com a hora e o dia da semana, mas na verdade pode haver várias outras variáveis definidoras. *Fim da manhã*, por exemplo, é só uma síntese de um agregado de fatores daquela especificação de trabalho: fim da manhã, dia de semana, depois da aula, sozinha. O mesmo vale para *Sábado à noite*. Agora vamos preencher os trabalhos que identificamos para Amelia. Pode ler para mim, por favor?

– Temos cinco trabalhos – disse Jordan. – Estudar, passar tempo com os amigos, divertir-se, sentir-se conectada com a família, conhecer gente nova.

Alex escreveu tudo isso nas linhas de Trabalhos e continuou:

– A última coisa a fazer é ticar as casas em que concluímos que o trabalho e as circunstâncias do cliente se cruzam. Eu uso um "V" para indicar que o trabalho está sendo bem cumprido pela solução que nos interessa. No caso, o Tazza. Marco com um "X" quando o cliente tem um trabalho para aquela circunstância, mas há um enorme cartaz de "procura-se".

Rapidamente Alex preencheu todo o mapa para Amelia.

Mapa do mercado para: Tazza

	Amelia – Fim da manhã	Amelia – Sábado à noite			
Estudar	✓				
Sentir-se conectada com a família	X				
Conectar-se com os amigos		X			
Divertir-se		X			
Conhecer gente nova		X			

Trabalhos / Circunstâncias

– Já dá para ver alguns insights úteis – disse Alex. – O primeiro é que o mercado para Amelia, na verdade, são dois, cada um deles correspondendo a uma das diferentes circunstâncias para as quais ela "contratou" o Tazza. Isso bate com aquilo que concluímos em relação a ela: que para cada um desses mercados há concorrentes distintos e diferentes maneiras de Amelia definir o que seria uma boa solução. O que mais você enxerga?

Jordan observou o mapa por alguns instantes.

– Bem, claramente o Tazza é uma ótima pedida para o trabalho "estudar". Para todo o resto, ou é medíocre, ou é uma solução ruim. Ou talvez isso signifique que existe uma oportunidade para inovar e acertar.

– Sim, pode ser de um jeito ou do outro – disse Alex. – O mapa não faz recomendações. Ele só revela padrões. Se o Tazza for uma solução ruim para um trabalho em uma circunstância específica, pode ser que tenhamos que inovar para melhorar, ou pode ser que não tenhamos que nos preocupar com aquele segmento. Vamos preencher o restante e ver no que dá.

Durante uma hora, Jordan e Alex trabalharam para completar o restante do mapa. Ao longo desse tempo, foram percebendo que alguns trabalhos tinham temas semelhantes e decidiram agrupá-los em quatro categorias: trabalho, conexão, diversão e bem-estar. Quando o mapa ficou completo, eles fizeram uma pausa para analisar os resultados.

– Aí está – disse Alex. – Com base em algumas poucas entrevistas, nossa primeira visão de onde o Tazza atua hoje, em uma série de trabalhos e circunstâncias: a primeira função de um mapa do mercado. Se combinarmos isso com as informações em nossa descrição dos trabalhos, também teremos uma visão inicial de com quem estamos concorrendo nessas quatro categorias e uma ideia de por que estamos ganhando ou perdendo.

Mapa do mercado para:
Tazza

Trabalhos	Circunstâncias	Amelia – Fim da manhã	Amelia – Sábado à noite	Mike – Trabalhador em trânsito	Os 3 amigos – Aposentados	Maggie – Toda manhã	Maggie – Depois da ioga	Olivia – Depois da ioga	
	Trabalho – computador	✓		✗					
	Trabalho – reuniões			✗					
	Trabalho – ligações			✗					
	Conexão – passar tempo com os amigos		✗		✓		✓	✓	
	Conexão – conhecer gente nova		✗		✗				
	Conexão – sentir-se perto da família	✗							
	Conexão – sentir-se parte da comunidade				✗				
	Diversão – música		✗						
	Diversão – jogos				✓				
	Bem-estar – ter um ritual diário					✓			
	Bem-estar – fazer uma pausa							✓	

Depois de alguns momentos avaliando o mapa, Alex perguntou:

– Que padrões você enxerga agora?

Jordan estudou o mapa por um instante.

– A primeira coisa que vejo é que o trabalho que parece ser mais bem resolvido, e que importa para vários segmentos, é o que tem a ver com conectar-se com os amigos.

– Sim – concordou Alex. – Esse é um *insight*-chave e um padrão útil que esses mapas muitas vezes revelam. É uma suposição bastante plausível de que o núcleo dos clientes mais fiéis do Tazza sejam pessoas que querem ver esse trabalho executado. Isso bate com o que ouvimos de Cate.

Alex circulou o padrão no mapa para reforçar seu argumento.

Mapa do mercado para:
Tazza

		Amelia – Fim da manhã	Amelia – Sábado à noite	Mike – Trabalhador em trânsito	Os 3 amigos – Aposentados	Maggie – Toda manhã	Maggie – Depois da ioga	Olivia – Depois da ioga		
Trabalhos	Trabalho – computador	✔		✘						
	Trabalho – reuniões			✘						
	Trabalho – ligações			✘						
	Conexão – passar tempo com os amigos		✘		✔		✔	✔		
	Conexão – conhecer gente nova		✘		✘					
	Conexão – sentir-se perto da	✘								

Acima da tabela: *Circunstâncias*

– O que mais?

– Parece que tanto Mike quanto a Amelia de sábado à noite acham o Tazza uma solução péssima para seus trabalhos. Suponho que seja outro tipo de padrão: em quais segmentos atuamos mas não nos saímos muito bem.

Dessa vez, foi Jordan quem circulou os padrões.

– De acordo. Algo mais? – perguntou Alex.

– Acho que me chama a atenção que os lugares onde o Tazza atua hoje, marcados com os Vs e os Xs, estão espalhados pelo mapa – respondeu Jordan. – Isso significa que há um espectro bastante amplo de clientes "contratando" o Tazza para coisas variadas.

– Também percebi isso – disse Alex. – Esse é outro padrão comum. Às vezes é um sinal de que a empresa está tentando dar um passo maior do que a perna, tentando conquistar um excesso de tipos de consumidor, o que acaba gerando uma solução genérica, que na prática não atende ninguém. Isso quase sempre vem acompanhado de uma perda de foco naquilo que realmente interessa para os melhores clientes, o que pode resultar no tipo de declínio que estamos vendo no Tazza.

Mapa do mercado para:
Tazza

		Circunstâncias						
		Amelia – Fim da manhã	Amelia – Sábado à noite	Mike – Trabalhador em trânsito	Os 3 amigos – Aposentados	Maggie – Toda manhã	Maggie – Depois da ioga	Olivia – Depois da ioga
Trabalhos	Trabalho – computador	✔		✗				
	Trabalho – reuniões			✗				
	Trabalho – ligações			✗				
	Conexão – passar tempo com os amigos		✗		✔		✔	✔
	Conexão – conhecer gente nova		✗		✗			
	Conexão – sentir-se perto da família	✗						
	Conexão – sentir-se parte da comunidade				✗			
	Diversão – música		✗					
	Diversão – jogos				✔			
	Bem-estar – ter um ritual				✔			

– Por fim, precisamos marcar algo em todas as casas em branco. É nelas que o Tazza *não* atua... pelo menos com base no punhado de entrevistas que fizemos. Para pensarmos em caminhos para o Tazza crescer, essas poderiam ser opções a considerar. Mas isso fica para outro dia.

Jordan gostou do resultado visual daquilo que eles tinham concluído até ali e ficou impressionada com a simplicidade do diagrama.

– É tão simples, mas já nos dá uma ideia do que está acontecendo. Suponho que agora nosso objetivo seja melhorá-lo com mais entrevistas.

– Isso. Mais entrevistas com clientes, para começar, validando e refinando esse mapa inicial. Provavelmente vamos descobrir mais regiões para acrescentar a ele. Também seria bom conversarmos com pessoas que "demitiram" o Tazza e, é claro, investigar a concorrência nas casas do mapa em que o Tazza está atuando. E ao dizer isso me refiro à concorrência real, não apenas a outros cafés.

Alex hesitou e então acrescentou, enquanto começava a guardar suas coisas:

– Acho que é no último passo que as coisas vão ficando mais... como direi?... *empolgantes*. Mas de que adianta ser um detetive de mercado se não houver alguma intriga? Você precisa de boas histórias para contar ao Mark. Bem, está na hora de irmos. Não há tempo a perder.

– Hum, Alex... o que você quer dizer com "intriga"? – perguntou Jordan.

Mas Alex já tinha passado pela porta e não ouviu a pergunta dela. Ou, Jordan suspeitou, fingiu que não ouviu.

12

O BARISTA

Os dias seguintes obedeceram a um padrão diferente. Todas as manhãs, Alex e Jordan se instalavam em uma filial diferente do Tazza e entrevistavam clientes até a hora do fechamento. Depois de cada conversa, discutiam as ideias novas que surgiam, usando-as para refinar seu mapa do mercado em constante evolução. Eles alternavam quem exercia o papel principal, e Jordan ficou contente de ver, ao fim do segundo dia, que já tinha se tornado algo natural.

Com poucas exceções, os dois descobriram que o mapa do mercado inicial estava surpreendentemente preciso. Os principais acréscimos foram pessoas nas circunstâncias que eles rotularam como "em deslocamento" em diferentes momentos do dia. Eram clientes que apareciam no café para comprar uma bebida, um lanche ou uma refeição e que ou iam embora imediatamente, ou ficavam apenas o tempo necessário para consumi-los. Os trabalhos para os quais todos eles "contratavam" o Tazza tinham a ver com o grau de energia ou o estado de espírito. Entre eles estavam trabalhos que Jordan anotou como "abastecer o 'tanque'", "ficar alerta", "recarregar as energias" ou "dar uma turbinada". Porém, em relação às pessoas que ficavam mais tempo no café, Jordan e Alex concluíram que o mapa inicial captava bem seus trabalhos.

Alex ressaltou que isso não era anormal.

– É comum achar que você precisa falar com um monte de gente para conseguir o nível de *insights* necessário. Na prática, basta conversar com duas ou três pessoas para cada tema do mapa do mercado, em geral.

O último destino era a filial de melhor desempenho do Tazza, localizada no estado vizinho de Rhode Island, perto do centro da capital, Providence. Tinha sido a terceira a abrir e se tornara uma das mais bem-sucedidas, inclusive na contramão da tendência recente de queda nas vendas.

Como sempre, a memória fotográfica de Jordan para os números da empresa mostrou-se útil.

– Até uns três meses atrás, este lugar não andava tão bem – explicou. – Os números tinham estagnado, mas agora voltaram a crescer. Mais devagar do que antes, mas estão crescendo. Não sei bem o motivo. Rob acha que tem a ver com o programa de parceria com empresas que ele lançou mais ou menos nessa época. O programa é gerenciado daqui por um cara chamado James Finley, que também é o barista-chefe. Temos horário marcado com ele logo cedo para conversar.

Como já tinham um número suficiente de entrevistas externas para formar uma impressão sem viés, Alex estava mais disposto a conversar com os funcionários do Tazza. James seria o primeiro, por sugestão de Cate, já que ela acreditava que ele entendia melhor do que ninguém os clientes e ex-clientes do Tazza.

Encontraram James atrás do balcão, ensinando a um barista iniciante detalhes refinados da arte de preparar um *latte*. Dois *lattes* repousavam no balcão, um deles com um elegante padrão em forma de folha desenhado na fina camada de espuma que servia como tela. O segundo era o foco da atenção do rapaz em treinamento, que tentava copiar o padrão sob a atenta supervisão de James.

James ergueu os olhos quando eles se aproximaram.

– Vocês devem ser Alex e Jordan! – exclamou. – Que prazer conhecer vocês. Cate disse maravilhas de ambos. E não deixe o jeitão simpático dela enganá-los, ela é bem difícil de agradar. Como posso ajudar?

James era alto e esguio, com o cabelo preto cortado rente e uma barba de vários dias por fazer. Parecia estar na casa dos 30 anos e usava o uniforme-padrão do Tazza: jeans preto, tênis e camiseta pretos, naquele dia com uma citação de T. S. Eliot: "Medi minha vida com colheres de café." Ele irradiava uma energia alegre e otimista e parecia possuir uma expressão permanente de empatia que, imaginou Alex, devia torná-lo querido por clientes de todas as idades.

– Cate também falou muito bem de você – disse Alex. – Obrigado por nos receber. Temos um monte de perguntas, mas, antes de começar, adoraria saber mais sobre sua formação e sua função no Tazza hoje.

– Claro – respondeu James. – Estou aqui desde o comecinho. Entrei como barista em meio expediente, ainda na faculdade. Achei muito divertido. Eu sou um cara supersociável, adoro conhecer pessoas novas, então encaixou direitinho. Também sempre fui apaixonado por café, então gostei de aprender mais sobre o assunto. Foi assim que dominei a arte do *latte*. – Ele fez um gesto em direção ao estagiário. – Franklin aqui começou a aprender hoje, mas já dá para dizer que vai virar um mestre. Olhem a curvatura e a firmeza dessas folhas. Bacana.

Franklin reagiu a esse elogio com um sorriso tímido, mas continuou intensamente concentrado em sua folha.

– Quando me formei, Cate me pediu que assumisse uma vaga

em tempo integral. Acho que ela ficou impressionada com a minha dedicação. Como eu queria ter experiência de trabalho no mundo real, disse sim. O Tazza era bem pequeno, então me deu a chance de fazer um pouco de tudo. Naquela época, a gente não precisava se preocupar com o cargo, todo mundo só se apresentava e fazia o que fosse necessário. Aqui eu sempre fui uma espécie de pau para toda obra, mas o que eu mais gostava era de qualquer oportunidade de interagir com os clientes. Acabei cuidando da equipe de baristas, criei e liderei o programa de treinamento, o BOTE, Baristas Oficiais em Treinamento Especial. Meio brega, eu sei, mas dá para fazer todo tipo de trocadilho besta... "Estamos todos no mesmo bote"... "Vamos remar na mesma direção"... O que seria dos programas de treinamento sem piadas infames? Os baristas são superimportantes: são eles que os clientes veem primeiro, não é? E é do que se lembram. Cate também achava isso, por isso criou o cargo de barista-chefe. Era minha função até uns três meses atrás.

James se deteve por um instante ao ver alguém se aproximar.

– Falando nisso, aí vem uma das nossas recém-formadas com bebidas para uma cliente especial.

Uma jovem com uma bandeja levava dois *lattes* para uma mesa próxima. Mostrou-os para James, aparentemente em busca de um sinal de aprovação. Um deles tinha o conhecido desenho de folha, e o outro, o número 37 na espuma.

– Estão ótimos – elogiou ele. James virou-se para Alex e Jordan, orgulhoso da aluna. – Aqui vocês veem duas diferentes técnicas artísticas. A folha é feita por *free pour*, ou derramamento, que é quando se faz o desenho enquanto o leite é derramado no *espresso*. Já o número é feito por *sketching*, que é basicamente desenhar usando um palito. Estão vendo aquele casal ali? A mulher se chama Amara. Hoje ela completa 37 anos, então Anna acrescentou esse pequeno toque personalizado para ela. Aquele com ela é o marido, Owen. Ele nem percebe o valor artístico, então fica só com a folha-padrão. Bom trabalho, Anna!

Anna sorriu em silêncio e levou os cafés para a mesa próxima. James ficou observando o serviço e depois acenou para Amara e gritou um "Feliz aniversário!". Isso levou o café inteiro a irromper em um "Parabéns para você", enquanto Amara sorria e Owen parecia ligeiramente envergonhado. Jordan percebeu que todo mundo parecia conhecer o nome da cliente quando terminaram a canção e gritaram o nome "Amara".

James virou-se e disse:

– Desculpem pela interrupção. Tradição do Tazza. Os novos baristas aqui sempre dão uma checada comigo, mesmo eu tendo pausado o programa de treinamento, ocupado demais para supervisionar tudo em todo lugar, como antes.

– Uma tradição simpática – respondeu Alex. – Você comentou que veio para cá faz uns três meses. O que motivou a mudança?

– Ah, é. Eu vim para lançar o PIRES, nosso programa de parcerias corporativas. PIRES vem de Parcerias com Influenciadores nas Redes Estratégicas. Legal esse nome, não? Fui eu que bolei. Mas o programa foi ideia de Rob. Quando ele chegou, trouxe um pacote de ideias para aumentar nossa base de clientes, principalmente atraindo um público novo de outros lugares, como bares, cafés para empresas, espaços de *coworking*, até lojas de conveniência. A ideia do PIRES é vender convênios para empresas a fim de oferecer aos empregados descontos em nossos cafés. Ganhamos receita das empresas e do tráfego adicional que isso gera.

Alex ouvia com atenção enquanto James continuava:

– Eu comecei a tocar o programa na filial de Providence. Decidimos fazer o PIRES a partir daqui porque temos mais espaço de escritórios e é fácil de chegar às outras filiais. Não é preciso enfrentar o trânsito para entrar e sair de Boston. Fizemos o piloto aqui e agora eu passo a maior parte do tempo visitando as empresas próximas a cada filial para vender o programa para elas.

– E como anda o programa? – perguntou Jordan.

– Muito cedo para dizer, acho – respondeu James. – Mas parece estar funcionando, porque este café onde estamos teve um ganho real desde que começamos o piloto. E faz sentido, vocês não acham? Além disso, nenhum de nós tem a mesma experiência corporativa de Rob. E, se deu certo para uma grande empresa como aquela em que ele estava, deve ser bom também para uma pequena como a nossa. Acho que ele está marcando uns grupos focais para a semana que vem, com nossos primeiros parceiros, para ter um feedback.

– Bom, em todo caso, impressiona bastante tudo que vocês realizaram – disse Alex. – Qual é a sua sensação sobre o IPO?

James assumiu uma expressão um pouco tensa.

– Sensações ambíguas, na verdade. Por um lado, é ótimo para quem trabalha aqui e para mim, de um ponto de vista pessoal. Vai pagar meu mestrado, e eu sempre quis voltar para a sala de aula. Por outro lado, parte do que torna o Tazza tão especial é essa sensação meio mágica que oferece às pessoas. Tenho um pouco de medo que isso mude depois que formos uma empresa negociada na bolsa.

– Vamos falar dessa sensação mágica – disse Alex. – Mesmo com os problemas recentes, os clientes do Tazza têm a fama de serem fanáticos em relação ao lugar. Por que você acha que isso acontece?

James refletiu por um instante.

– *Fanático* é uma palavra que define bem. Isso me lembra o jeito como as pessoas se sentem em relação ao seu time de futebol. Os clientes do Tazza são um pouco assim. Não estou dizendo que eles torcem para a gente ganhar da concorrência... embora um dia tenha vindo aqui um cara dizendo que tinha feito engenharia reversa de todos os drinques especiais do Stella's... Não se preocupe: ignoramos! Mas o Tazza sempre foi um ponto de encontro para as pessoas, do mesmo jeito que ir ao estádio para torcer conecta você a uma comunidade com uma meta em comum. A outra coisa que acontece quando você torce pelo time da cidade é que se sente parte do lugar, mesmo sem ter nascido aqui. Frequentar o Tazza cria essa mesma sensação, e é proposital: a decoração de cada café reflete o espírito do bairro, e o público de cada um tem muitos moradores antigos. – Então acrescentou com um suspiro: – Até pouco tempo atrás.

Antes que James pudesse ir adiante, eles foram novamente interrompidos, dessa vez por uma mulher de meia-idade, essa sim uma autêntica torcedora, pois estava vestida com agasalho, camisa e boné com o mesmo escudo de um time da cidade.

– James! O que você está fazendo aqui? – perguntou a mulher.

– Nicole! O que *você* está fazendo aqui? Que maravilha ver você!

Quando ela veio dar um abraço de urso em James, ele explicou:

– Nicole é uma dessas fanáticas de longa data do Tazza. Eu sempre a via na minha antiga filial.

– Vim só visitar minha mãe – explicou ela. – Ela mora mais ao sul, em uma casa de repouso. Como você sabe, sou viciada no *blend* "Tazza's Eyeopener" com avelã, então resolvi dar uma parada aqui no caminho. Você não sabe como sentimos sua falta lá em Boston! Não é a mesma coisa sem você.

Ela se virou para Alex e Jordan e disse:

– James é o melhor barista do mundo. Literalmente. Ou melhor, quase literalmente. Vocês sabiam que ele ficou em quarto lugar no Campeonato Mundial de Baristas, em Madri?

Alex e Jordan não sabiam.

– Agora ele é um executivo mandachuva – prosseguiu Nicole. – Mas sempre me ouvia reclamar da minha vida amorosa, às vezes durante horas. Até me apresentou ao meu atual namorado. *E* achou uma pessoa para alugar um quarto na minha casa quando eu estava procurando um subinquilino. Era melhor que um terapeuta.

– E bem mais barato – brincou James.

– Será que eu assustei você?

– Jamais – tranquilizou James. – Você é sempre bem-vinda aqui. Eu adoraria colocar a conversa em dia, mas me dá só um minuto. Preciso checar as entregas da manhã. Já volto.

James saiu em direção à cozinha, enquanto Nicole continuou a cobri-lo de elogios:

– James foi muito importante para mim quando vim morar na região. Teve paciência para me conhecer e sempre me fez sentir especial. Pouca gente é capaz disso quando você se muda para um lugar novo, principalmente na minha idade. Todo mundo já tem família ou está acostumado com uma rotina. Bem, preciso correr ou vou perder a hora do bingo da mamãe. Ela tem 1,5 metro e 92 anos, mas no bingo vira uma fera! Preciso estar lá para segurá-la. Ela se senta do lado da melhor amiga, Martha, e juro que mamãe bate nela se eu não estiver lá. Por favor, digam ao James que eu adoro ele! E foi um prazer conhecer vocês.

Alex e Jordan sorriram um para o outro enquanto recuperavam o fôlego. Antes que qualquer um dos dois pudesse comentar o turbilhão de atividades daquela manhã, James retornou.

– Bem... onde estávamos? – perguntou. – Algo mais em que eu possa ajudar?

– Tem uma outra coisa – disse Alex. – Gostaríamos de conversar com pessoas que eram clientes fiéis do Tazza mas deixaram de ser. Até agora temos um nome, Barb Asheville, mas temos a esperança de que você nos dê o contato de mais alguns.

– Eu conheço a Barb! Mande um abraço para ela. Sim, eu posso dar alguns nomes para vocês. Muita gente que eu conheço e foi embora ainda mantém contato comigo. Ah, e vocês precisam ter muito jeito ao falar com o Prefeito. Quer dizer, se conseguirem encontrá-lo.

– Prefeito? Quem é esse? – perguntou Alex.

– É sério que vocês não o conhecem? – respondeu James. – Ele é provavelmente o melhor cliente da história do Tazza. E também é tipo uma celebridade... pelo menos internamente. Ele simplesmente amava o lugar. Foi um choque de verdade quando parou de aparecer. Acho que foi o sumiço dele que acabou levando Cate a contratar você. Deve ter gasto uma pequena fortuna no Tazza esses anos todos.

– Espera... você está falando do Ed Amato? – perguntou Jordan.

– Isso. Você o conhece?

Jordan relatou sua análise recente do Clube dos Conhecedores e de como seus integrantes eram escolhidos. Ela se lembrou do nome de Ed porque ele era o número 1 na lista gerada pelo algoritmo que ela criou.

– Parece de fato uma excelente pessoa com quem falar – comentou Alex. – Tem alguma coisa que você possa nos contar sobre ele?

– O cara mais simpático que você já viu na vida. Mais velho, deve ter quase 70. Veio para cá menino, da Itália, com o pai. Conversa com todo mundo sobre tudo... e, quando ele começa um papo, garanto que não é ele que termina. Simplesmente ama as pessoas. Demos a ele o nome de Prefeito do Tazza porque sempre estava por lá e dava a impressão de cuidar de todo mundo que entrava. Também é louco por futebol. Assiste a todos os jogos que pode na TV e é obcecado pelas estatísticas dos jogadores. Acho que ele foi jogador por um tempo, na juventude, em algum lugar na Itália. Não profissional, mas lá até os amadores têm um talento enorme. Acho que é genético. Ou será que vem do macarrão?

– Não sei dizer – respondeu Alex. – Mas seria ótimo se pudéssemos encontrá-lo. Ex-fregueses que antes eram fiéis assim sempre são uma fonte de ótimos *insights*. Alguma ideia de onde ele esteja?

Pela primeira vez, James pareceu um pouco desanimado.

– Nenhuma. Soube que ele andava tendo alguns problemas de saúde antes de sumir. Disseram que o médico o mandou parar de ficar tanto tempo sentado em cafés e se exercitar um pouco. Foi visto algumas vezes por outros clientes, mas ninguém sabe onde ele passa o tempo agora. Sabe de uma coisa? Pode perguntar à Barb se ela sabe de alguma coisa. Eles ficavam horas conversando quando Barb ia a Boston.

Alex agradeceu e ele e Jordan foram se sentar a uma mesa próxima, preparando-se para o último dia de entrevistas com os clientes.

– Fascinante – disse Alex, percebendo logo em seguida o ar pensativo de Jordan. – Algum comentário?

– Não sei... – respondeu ela. – Parece que o programa PIRES teve bastante sucesso... mas tem algo a respeito que não faz muito sentido. Não consigo dizer o quê.

– Talvez você descubra depois – disse Alex. – Por enquanto, vamos retornar à mentalidade de principiante uma última vez e coletar um pouco mais de *small data* sobre os atuais clientes. Amanhã vamos seguir outro caminho: as pessoas que "demitiram" o Tazza.

13

DOBRANDO A APOSTA

– Rob, me liga.

A mensagem de Cate piscou no painel do BMW de Rob, conectado à internet, quando ele voltava para casa à noite. O tom de urgência o deixou tenso o bastante para encostar o carro na primeira área de repouso da estrada para ligar de volta.

– Recebi sua mensagem. Algum problema, Cate?

– Só uma atualização sobre a nossa imersão: acabei de saber que, além de dois membros do comitê, o banqueiro principal que está cuidando do nosso IPO pediu para participar. Estou comunicando a todos para que se preparem de acordo.

Rob tentou usar um tom despreocupado, mas ainda havia uma leve tensão na sua voz ao falar:

– Só pode ser um bom sinal, não é, Cate? Depois que ele vir tudo que estamos fazendo para virar o jogo, o IPO vai passar em velocidade de cruzeiro.

– Essa é a intenção. E você é um dos protagonistas nesse sentido. O que está planejando apresentar?

Rob revisou seu plano em três partes para impulsionar o crescimento: o programa CCC, para vender mais aos clientes atuais;

a iniciativa de parceria focada em vendas corporativas e atração de tráfego de empresas; e o programa de expansão do cardápio, para capturar clientes de outros segmentos, entre eles bares, restaurantes e lojas de conveniência.

– Parece bom – disse Cate. – Considerando que o IPO está bem perto, precisamos tomar algumas decisões difíceis em relação aos caminhos a seguir. Não temos tempo nem recursos suficientes para fazer tudo. Então, assim que você tiver alguma ideia dos resultados iniciais ou do retorno do investimento disso tudo, vai nos ajudar a priorizar.

Rob estava esperando perguntas nessa linha.

– Claro, Cate. É claro que são coisas que levam tempo para apresentar resultados. Afinal, estamos nos esforçando muito para atingir outro patamar, falando em termos de escala. Para isso, lançamos programas avançados, que deram certo em empresas maiores. Mas eu devo ter alguns números preliminares para o grupo.

Mesmo sabendo que não tinha como garantir números que impressionassem, ele estava otimista pela oportunidade de brilhar diante do comitê. Esse pensamento lhe deu bastante confiança para fazer uma pergunta:

– Eu soube que o consultor vai estar também. Você acha que é necessário, a esta altura?

Houve um momento de silêncio do outro lado da linha. Então Cate disse:

– Acho. Ele tem um jeito interessante de olhar para o cliente e, no nosso momento atual, não fará mal ter um ponto de vista diferente. Além disso, Jordan está ajudando e vai ser bom o trabalho dela ter reconhecimento.

A inesperada saída de Jordan da órbita de Rob, apesar de temporária, era algo que o incomodava. Mas ele não cometeria o erro de tocar nesse assunto.

– Ótimo! Tenho certeza que você tem razão, Cate. Estou ansioso para ouvir o que ele tem a dizer.

Depois de desligar, Rob se penitenciou por ter ido longe demais ao questionar a participação de Alex. Claro que Cate ia fazer questão! Do contrário, ia parecer que ela tinha jogado dinheiro fora com Alex.

Mas as preocupações se dissiparam assim que ele voltou a pensar nas possibilidades da imersão. Não tinha como ele não ser a estrela do show. Quase tudo que estava em andamento era ideia dele. Quem mais, ali, poderia propor alguma coisa útil?

14

A DEMISSÃO

Alex localizou Barb usando o endereço de e-mail dado por Gerald. Ela concordou em encontrá-los no Greenwich Club, um country clube das redondezas, conhecido pelo campo de golfe impecável, de padrão profissional, e pelo preço astronômico da mensalidade.

"Se é amigo de Gerald, é amigo meu!", dizia o e-mail. "Encontro vocês no saguão, às 10 horas, assim que Jill e eu acabarmos de aterrorizar a fauna aviária do local com nossas loucas raquetadas de tênis. Jill jura que matamos um pombo ontem, mas o corpo não foi encontrado. Essa é a minha versão e ninguém vai me fazer confessar kkk!"

Alex foi buscar Jordan e os dois foram até lá juntos, chegando quinze minutos antes do previsto. O espaçoso saguão do Greenwich Club era cercado dos dois lados por enormes estantes de carvalho, cujas longas prateleiras estavam abarrotadas de livros de encadernação escura, mapas antigos em molduras e uma coleção de globos antigos com fronteiras de séculos atrás. Para Jordan, o ambiente lembrava a biblioteca de um mosteiro.

Assim que um relógio distante terminou as dez badaladas,

duas mulheres elegantes, suadas, com rabo de cavalo grisalho, saia branca de tênis e camisa polo combinando saltitaram saguão adentro pela porta dos fundos que dava para a área do clube. Estavam ligeiramente ofegantes ao chegarem perto de Alex e Jordan.

– Ah, olá, meu jovem! E *minha* jovem, é claro. Eu sou Barb. Encantada em conhecê-los. Esta é Jill. Por que não vamos todos para a varanda? Vamos tomar alguma coisa e fazer amizade!

Jill pôs a mão no braço de Alex e comentou, em voz baixa:

– Os Bloody Marys e os Chesterfields são de arrasar. Você *precisa* provar um. – Aproximou-se um pouco mais e acrescentou: – Ou *três*.

Alex balançou levemente a cabeça, na esperança de não se comprometer, e trocou olhares marotos com Jordan enquanto seguiam as mulheres, que já se instalavam na varanda do restaurante. A atendente levou-os a uma mesa com uma visão privilegiada dos dois primeiros buracos do campo de golfe ("Os primeiros dos nove primeiros!", brincou Barb), bem diante deles, dando para um horizonte sinuoso e multicolorido de pinheiros e gramados cuidadosamente aparados.

Antes que Alex pudesse contestar, Jill pediu uma rodada de drinques para todos e Barb deu o pontapé inicial:

– Muito bem! E Gerald, como anda? E aqueles dois amigos dele? Ainda bravos com tudo que perderam de mim no pôquer?

Alex deu uma risada.

– Eles me pareceram bem. Falamos por pouco tempo. Não tocamos no assunto de quem ganhou o quê, mas deu para entender que eram partidas muito disputadas.

– Muitíssimo – confirmou Barb. – Alguém tem que contar os pontos, né? Esta aqui, Jill, é que é uma adversária a minha altura. Toda manhã nosso jogo é uma batalha de titãs. Ou "titoas"? Existe essa palavra, meu bem?

A pergunta parecia dirigida a Jordan, que respondeu dando de ombros, incerta.

– Depois a gente relaxa com uma receita especial de Chesterfields – acrescentou Jill. – Eles *fortificam* os Bloody Marys com suco de karela. Ingrediente secreto. As calorias simplesmente derretem.

Essa afirmação parecia suspeita, mas ninguém quis debatê-la.

– E então, o que podemos fazer por vocês, queridos? – perguntou Barb.

– Nós trabalhamos para o Tazza – disse Alex. – Estamos pesquisando como prestar um serviço melhor aos clientes. Foi assim que chegamos a Gerald e aos amigos dele. Ele comentou que você era frequentadora de lá, por isso achamos que seria bom conversar com você também.

– Entendi. Bem, devo dizer que não sou mais frequentadora. Já fui. Eu curtia com aqueles rapazes, ia jogar com eles lá várias vezes por semana. Mas não tenho ido mais.

– Esse é um dos motivos por que queríamos tanto falar com você, para entender por que deixou de ir – explicou Alex. – Antes de chegarmos lá, talvez a gente pudesse voltar ao começo da sua relação com o Tazza, se é que posso chamar assim. Quando você começou a frequentar?

– Nossa... faz *muito* tempo. Quando foi, Jill? Uns oito anos, mais ou menos? Deve ter sido. Foi logo depois de me mudar para um apartamento. Minha filha finalmente me convenceu a vender a casa antiga da família. Fazia anos que eu cuidava de tudo sozinha. Ficou pesado demais cuidar da manutenção e tudo mais... sempre tinha alguma coisa quebrada. E ter o ninho vazio não me fazia sentir bem. Então me mudei para a cidade para ficar mais perto dos meus filhos. Os dois trabalham e moram ali perto. Bobby é professor e Zoe é médica. Acho que eles ficam mais tranquilos sabendo que podem ficar de olho em mim. Engraçado que a gente começa cuidando dos filhos e eles acabam cuidando da gente, né?

Alex se identificava com isso. Embora estivesse na idade em que tanto os pais quanto os filhos são basicamente autossuficientes, ele sabia que estava chegando perto do momento da virada, por assim dizer.

– Quando você experimentou o Tazza pela primeira vez? E por que continuou indo?

Àquela altura, Jordan já estava acostumada o bastante com o método de Alex para reconhecer o ciclo, passando pelas primeiras perguntas sobre a descrição do trabalho. Ele tinha explicado que o método era parecido mesmo falando com pessoas que "demitiram" seus produtos: você continua procurando as mesmas informações definidas pela descrição.

– Bem, não tinha como eu não topar com ele, fica bem na minha vizinhança. Eu adoro café, então ninguém precisou me forçar a experimentar. Dá para dizer que rolou uma química entre mim e o Tazza. As pessoas eram muito acolhedoras e simpáticas. Os funcionários também. Fiz amigos novos de cara e virou uma espécie de segunda casa.

– Por que você acha que uma "segunda casa" era importante naquele momento da sua vida?

– Ah, não sei... acho que por me permitir sair da minha casa. Trinta anos de memórias... os meus filhos cresceram lá. Todos aqueles sonhos quando eu e Barry fomos morar lá. Barry era meu marido... faleceu dez anos atrás. Quando me mudei, fiquei meio perdida, como se todas as minhas referências de vida tivessem evaporado de repente. Também me senti assim quando Barry morreu. O pessoal do café me fez sentir importante de novo, como se eu fizesse parte de um grupo. Será que isso me ajudou a criar uma nova identidade? Ou me fez começar uma nova, depois que eu meio que perdi a antiga. Provavelmente é isso. É claro que eu tinha os meus filhos por perto, mas eles estão sempre muito ocupados com a vida e com os filhos deles.

– Obrigado por compartilhar isso conosco, Barb – disse Alex. – Entendo como você se sentia. É maravilhoso que você tenha encontrado uma nova comunidade quando precisou.

O assunto deixou o clima um pouco mais triste. Por isso, Alex mudou de tópico:

– Você disse que não frequenta mais o café. O que aconteceu?

– Hum... Já fazia algum tempo que as coisas andavam mudando. Devagar no começo, depois mais depressa. Em todo caso, por que a gente se sente em casa em algum lugar? Caras conhecidas, ambiente conhecido. Tem que ter uma certa estabilidade. Ter gente nova para conhecer é bacana também, mas a sensação foi de que o público inteiro mudou rápido demais. Não só as caras, mas o tipo de pessoa... menos interessada em falar com os outros. Mais gente tagarelando no celular, vidrada na tela... e esses executivos... argh! Tão antissociais, como se estivessem ocupados demais governando o planeta.

Barb continuou falando sem parar:

– E também não paravam de mudar o ambiente: mesas menores, acho que era para mais gente poder trabalhar, e criaram aquela sala para grandes reuniões que ninguém usa. Desperdício de espaço, se quer saber minha opinião. Um monte de pratos novos, bebidas novas, começaram até a vender lembrancinhas e sei lá o quê. Começou a ficar parecido com qualquer outra rede de cafés. Aí um dia meus amigos começaram a sumir... Isso foi o fim para mim.

Barb fez uma pausa para descansar, como se o relato de seu rompimento com o Tazza fosse cansativo para ela.

– Isso nos ajuda muito, Barb – disse Alex. – Então, agora você frequenta este clube. Você diria que este lugar é o seu novo Tazza?

– Com certeza. Todo o tempo que eu antes passava lá, agora passo aqui.

– E por que você prefere vir para cá?

– Bem, não é perfeito, mas é pelas mesmas razões que eu gostava do Tazza. Vejo um monte de caras conhecidas quando venho aqui, e tem coisas para fazer que mantêm a gente ocupada. Tênis, golfe e vários clubes de bridge que se reúnem aqui. Uma coisa que é ainda melhor que o Tazza: eles organizam eventos para conhecer gente nova. Gente de uma certa idade, se é que você me entende. Além disso, aqui a gente paga mensalidade, então você tem a sensação de que pode ficar quanto tempo quiser, entrar e sair quando bem entender. Às vezes, no Tazza, eu me sentia um pouco culpada de ficar lá o tempo todo, porque sabia que estava ocupando o lugar de outro cliente. Além disso, aqui eu posso me exercitar, entendeu? Tenho que manter a silhueta!

– Isso faz sentido, Barb – disse Alex. – Seu comentário esportivo me lembra outra pergunta que eu tenho para lhe fazer: você conhece Ed Amato?

– O Prefeito? É claro! Todos os frequentadores conhecem, até aqueles como eu, que não iam muito ao "café-base" dele em Boston. A gente brincava que ele devia dormir no depósito, em cima dos sacos de café, toda noite, de tanto que ia lá. Grande homem!

– Alguma ideia de por que ele deixou de ir ou por onde anda? Adoraríamos falar com ele também.

– Não sei direito. Talvez pelos mesmos motivos que eu? Só que eu não sei por onde ele anda. É estranho, porque continuo falando com todos os meus velhos amigos do Tazza, mesmo sendo menos do que eu gostaria. Porém ninguém o tem visto. Mas há uma pessoa que talvez saiba. Ei, *coach*! Pode vir aqui um segundo?

Coach vinha a ser uma pessoa de nome Liam, professor de tênis do Greenwich Club. Ele deu um sorriso ao se acomodar à mesa respondendo ao apelo de Barb.

– Ei, jovens damas! Ótimo jogo hoje. O que posso fazer por vocês? – perguntou.

– Não foi você que disse que viu Ed Amato naquele futebol aonde você foi semana passada?

– Fui eu, sim! Ele foi ao jogo do New England Ultras, nossa torcida organizada. Eu me lembro dele porque era uma cara nova. Um sujeito muito bacana, não parava de conversar!

– Bem o jeito do Ed – comentou Barb.

– Mas eu não entendi: a torcida organizada participou do jogo? – perguntou Jordan.

– Ah, é que no nosso caso a gente organiza partidas amadoras no estádio nos fins de semana. Eu também sou treinador desse time. É muito divertido. Ed veio jogar com a gente semana passada. Até que ele não se saiu mal, devem ser os genes italianos! Não sei se ele vai vir de novo, vamos ver. Espero que sim.

Liam deu uma olhada no relógio.

– Puxa, tenho que ir. Tenho outra aula começando agora. Ah, Barb, deixei o número daquele fisioterapeuta para a sua filha na recepção. Espero que ele ajude. Vejo vocês na quarta, moças!

Quando Liam foi embora, Barb retomou de onde tinha parado:

– Eu amo esse homem. Sempre disposto a parar e ouvir os meus problemas e ajudar. É mais que um simples *coach* de tênis, é um *coach* de vida também! Não é, Jill?

– Liam é uma joia rara – concordou Jill. – Sabe, Barb, talvez a gente tenha que ir também.

– É, desculpa, pessoal. Jill e eu estamos indo para o spa. Por favor, deem um toque se quiserem bater outro papo. Boa sorte com a pesquisa!

Alex agradeceu e, com Jordan, reuniu suas coisas e os dois saíram para o estacionamento. No carro, Jordan perguntou o que Alex achava daquela nova informação sobre Ed.

– É interessante, mas me parece um beco sem saída – disse Alex. – Está claro que Ed adora futebol, mas é difícil imaginar como a experiência em uma torcida organizada poderia competir com o Tazza pelos trabalhos mais importantes para ele. Você já viu esse pessoal nos jogos? São tão barulhentos que não dá para escutar quem está ao lado, e sabemos que Ed adora conversar mais do que qualquer outra coisa. Um monte de jovens agitados também... e até bêbados. De novo, isso não encaixa com o que sabemos sobre ele. Talvez a gente consiga novas pistas do paradeiro dele amanhã, quando começarmos a investigar os concorrentes do Tazza.

– É, provavelmente você tem razão – concordou Jordan.

Mas, enquanto dirigia, ela não conseguia deixar de pensar que alguma coisa estava faltando. Em geral, ela gostava de riscar possíveis soluções para um problema; isso ia restringindo as alternativas e simplificando o processo. Nesse caso, porém, as coisas pareciam só se tornar mais misteriosas do que antes.

15

A CONCORRÊNCIA REAL

A fase seguinte da investigação era, logisticamente, a mais complexa, já que Alex e Jordan pretendiam visitar o amplo leque de concorrentes do Tazza identificados nas entrevistas. A lista foi composta revendo aquilo que os clientes contaram sobre outras soluções "contratadas" para realizar trabalhos e acrescentando outras empresas que o Tazza tinha como alvos em sua estratégia de crescimento. Eles dividiram os concorrentes em quatro tipos: redes de alimentação, espaços de *coworking*, bares e o gorila de uma tonelada do setor de cafés, o Stella's.

– Vai ser um dia longo – comentou Alex. – Vamos ter que focar muito, já que temos só até amanhã para investigar os concorrentes. E precisamos reservar tempo para preparar nossas conclusões para a equipe de executivos. A boa notícia é que vamos seguir exatamente o mesmo método que usamos até agora: conversar com os clientes desses lugares e usar como guia as perguntas da descrição dos trabalhos. Estamos à procura exatamente da mesma informação: circunstâncias, trabalhos, o que eles "contratam" hoje, "cartazes de 'procura-se'" e assim por diante. É apenas um conjunto de clientes diferente. Quem é o primeiro na lista?

Jordan consultou sua agenda.

– Definimos que iríamos começar com uma rede concorrente de fast-food saudável, e a que eu sugeri se chama Santé. Eles têm restaurantes em todos os nossos bairros, muitas vezes na mesma rua das filiais do Tazza. Às vezes, há até duas ou três filiais a poucos quarteirões. Muito genérico, mas está crescendo feito mato. Pegar uma fatia do negócio deles, por menor que fosse, seria incrível.

– Pode ser – respondeu Alex. – Depende de a que preço.

– Como assim?

– Você pode ganhar *share*, mas com isso diluir o apelo aos seus melhores e mais fiéis clientes. Nem sempre acontece, mas é um risco a considerar. Além disso, exigiria um esforço muito grande. Mas é exatamente o tipo de coisa que vamos explorar hoje.

Ao entrarem no primeiro restaurante, Jordan deu um tapinha no ombro de Alex e sussurrou, em tom dramático:

– *O jogo começou, meu caro Watson!*

Alex revirou os olhos, com jeito bem-humorado.

– Desculpe, não pude resistir... Estava guardando essa frase a manhã inteira, à espera do momento certo.

O Santé era parte de uma tendência crescente de refeições rápidas, distinguindo-se das redes tradicionais de fast-food pela oferta de opções mais saudáveis, preparadas diariamente com ingredientes frescos. O cardápio era sempre o mesmo, basicamente com refeições, lanches e bebidas a qualquer hora do dia, expostas em prateleiras de autoatendimento perto de filas rápidas de pagamento. A decoração moderna tinha um misto de cores bordô, bancos de couro e mesas de madeira, dando um ar parisiense de leve sofisticação, que revelava a intenção de uma identidade cosmopolita para a rede.

– Essas lanchonetes estão por toda parte hoje em dia – comentou Jordan. – E fazem um excelente trabalho: é só olhar para as filas na entrada e a rapidez com que andam. Rob enxergou uma oportunidade aí. Essa é a motivação dele por trás da iniciativa de expansão do cardápio: pegar mais desses fregueses de passagem.

Eles escolheram lanches, pagaram, encheram xícaras em uma estação de café e se sentaram a uma das poucas mesinhas encostadas na parede. Ficou evidente, na hora, que não era um lugar feito para as pessoas demorarem ou conversarem por muito tempo. As mesas eram minúsculas e em número pequeno demais no limitado espaço do salão. Eles perceberam que a maioria das pessoas só comprava a comida e saía; as que chegavam a ocupar uma mesa ficavam apenas o tempo de consumir a refeição.

A alta rotatividade dos clientes facilitou juntar várias entrevistas em um curto período. Essas conversas confirmaram a impressão inicial deles: as pessoas "contratavam" o Santé para o trabalho de comer uma refeição relativamente saudável na rua. A maioria trabalhava por perto e levava o que comprava para comer no trabalho, em um parque próximo ou em algum outro espaço ao ar livre. "Contratavam" o Santé porque a comida era saudável, fresca, acessível e, acima de tudo, rápida. Também apreciavam a previsibilidade, e muitos tinham itens favoritos, que consumiam várias vezes por semana.

A capacidade de completar várias entrevistas em um curto período de tempo também se mostrou benéfica quando eles foram abordados por uma funcionária desconfiada do Santé.

– Com licença, posso perguntar o que os senhores estão fazendo aqui? – perguntou ela.

– Duas coisas – respondeu Alex. – Estamos desfrutando destas deliciosas Saladas Santé Sunrise para o café da manhã... adoro a ideia de uma salada para o café, muito inovadora... e carregando as energias com dois cafés grandes para um dia de trabalho cheio. Além disso, estamos conversando com alguns clientes para entender por que as pessoas escolhem o Santé como opção preferida de alimentação.

A funcionária fez cara feia para eles.

– Que bom que estão gostando da refeição, e parece interessante o que estão fazendo. No entanto, nossa política é não permitir que outras pessoas perturbem nossos clientes por razões comerciais. Terei que pedir a ambos que vão embora.

Alex não pareceu incomodado com isso, o que tranquilizou Jordan, que não se lembrava da última vez que se metera em algum tipo de encrenca. No entanto, ela se sentiu forçada a protestar:

– Não estamos perturbando. Só estamos tentando entender os trabalhos que estão tentando realizar e por que elas contratam o Santé. Falamos apenas com quem foi receptivo. Pergunte aqui ao Clarence, ele gostou de falar com a gente.

– Tudo bem, Jordan – disse Alex. – O Santé tem o direito de proporcionar ou recusar serviço a quem bem entender. – Virando-se para a funcionária, ele falou: – Entendemos e respeitamos sua política. Estamos indo.

Ao chegarem à rua, Alex disse:

– Parabéns! Você acaba de ser expulsa da sua primeira tocaia de concorrente.

– Então era isso que você queria dizer com "intriga". Isso é normal, então?

– Não é incomum. Mas não tem nada de antiético, ilegal ou clandestino no que estamos fazendo. Muito pelo contrário. Estamos envolvidos em uma missão nobre: compreender o que o consumidor realmente quer, a fim de criar coisas que melhorem sua vida. Essa é a beleza dessas atividades de *small data*. Tudo é feito às claras, e a maior parte, por meio de conversas diretas com gente feliz em participar. Não estamos tentando desvendar segredos de pessoas que não querem que a gente saiba, e sim daquelas que querem. Pode ser que nossas conclusões beneficiem até o Santé. Mas entendo por que eles não veem dessa forma.

De fato, havia restaurantes Santé por toda parte. Por isso, em pouco tempo eles visitaram mais dois, confirmando suas conclusões iniciais, mas acrescentando algumas nuances. O Santé estava focado exclusivamente em resolver a necessidade alimentar do freguês em deslocamento e otimizara a experiência com opções de comida saudável e acessível; ingredientes frescos, de alta qualidade; serviço rápido; e um cardápio praticamente fixo, com uma ou outra novidade diária apenas. O café não era nada incrível, mas bom o bastante para acompanhar o almoço ou o café da manhã.

Outra constante foram as expulsões dessas outras duas filiais. Isso virou uma fonte de orgulho para Jordan, embora àquela altura ela já imaginasse que em alguma salinha interna havia a foto dos dois na parede, sob o título "Os Mais Procurados do Santé". Felizmente, antes de descobrir se era verdade, eles encerraram a investigação do concorrente fast-food/casual.

– Ok, um tipo de competidor já foi, faltam três: bares, espaços de *coworking* e, é claro, o Stella's – disse Jordan. – Qual será o próximo?

– Vamos começar pelo *coworking* – respondeu Alex. – Assim, vamos cobrir os bares mais para o final do dia, quando o movimento provavelmente será maior.

– Legal. São esses lugares que Mike, aquele executivo, disse que detesta, não é? Ele não reclamou de haver pets por lá, algo assim?

– Isso mesmo. Mike não gosta de cachorros. Pense nisso por um instante. Na minha opinião, cachorros só podem melhorar o ambiente de trabalho.

– Quanto mais, melhor – concordou Jordan.

O Office Oasis, assim como o Santé, era outro fenômeno que surfava uma tendência, nesse caso, a explosão de espaços de *coworking* voltados para profissionais que viviam em trânsito, terceirizados independentes ou qualquer organização buscando reduzir os custos com pessoal e aumentar a flexibilidade. Alguns não ofereciam nada além de um lugar para passar o dia sentado, com a menor das infraestruturas de apoio. Outros ofereciam serviços como impressão, videoconferência e até consultoria jurídica. Os mais avançados iam ainda mais longe, com a aspiração de criar uma sensação de comunidade entre seus membros. O Office Oasis pertencia a essa última categoria.

Jordan reservou uma sala para os dois usarem durante a tarde, mas, depois de deixarem suas coisas lá, dirigiram-se imediatamente à área coletiva para iniciar a investigação. Havia diversas mesas espalhadas pelo espaço aberto e uma "ilha" no centro tinha um estoque variado de lanches e bebidas. Mais distante, em um canto, havia uma grande sala de reunião com parede de vidro transparente, através da qual dava para ver uma equipe executiva, com jeito bem poderoso, envolvida no que parecia ser uma intensa negociação.

Eles se aproximaram da estação de café da ilha, onde dois profissionais liberais, usando o uniforme universal do consultor-gestor de baixo escalão (blazer azul, camisa branca, calça social cinza-ardósia), batiam papo.

– Com licença – disse Alex, adotando mentalmente o linguajar que, no seu entender, ajudaria a conectar-se com eles: – Estamos pesquisando a proposta de valor deste lugar e pensamos que talvez pudéssemos fazer algumas perguntas a vocês. Vai levar só alguns minutos.

Os dois homens fizeram uma cara nem um pouco empolgada, mas concordaram, sem questionar as motivações de Alex. *Talvez estejam achando que vai terminar mais rápido se não perderem tempo perguntando nossa intenção*, pensou Jordan.

– O que traz vocês aqui hoje? – perguntou Alex.

O mais velho dos dois respondeu primeiro:

– Estamos na cidade para uma reunião com um cliente. Trabalhamos para uma empresa de consultoria de médio porte, então não temos escritório em muitas cidades. Nossa firma é associada daqui, então podemos trazer clientes para reuniões maiores, se necessário, e ter um lugar para trabalhar quando estamos na cidade.

– Faz sentido. O que vocês acham daqui?

– É ok. Melhor do que trabalhar em uma sala de hotel, em um café como o Stella's ou coisas assim. Pelo menos lembra um ambiente profissional, então é bom encontrar os clientes aqui. Não chega a ser tão bom quanto ter o nosso próprio escritório, mas não temos como pagar. Antes eu trabalhava para uma das grandes firmas, e eles tinham locais de primeira, com escritórios de ambiente top de linha... não economizavam nisso. Quando os clientes vinham visitar, ficavam impressionados.

– Por que é tão importante que eles fiquem impressionados com o escritório? – perguntou Jordan.

– No nosso ramo, transmite credibilidade. Sinaliza que somos uma empresa de ponta e justifica as taxas elevadas que cobramos. Além disso, os clientes supõem que, se uma firma pode bancar um escritório de alto padrão, deve ser bem-sucedida. Dá confiança de que estão pagando por algo de alta qualidade.

O colega mais jovem manifestou-se, acrescentando:

– Tudo isso em tese, é claro. Estamos aqui porque não temos essa opção.

– Você comentou que suas outras opções seriam lugares como hotéis ou cafés – disse Alex. – Acho que já sei qual é a resposta a essa pergunta, mas o que há de errado com esses lugares?

– Cafés são o extremo oposto do espaço de trabalho de alto padrão. Simplesmente não são profissionais, não dá para encontrar clientes nesses locais. E são muito barulhentos. Fica muito difícil fazer ligações ou até se concentrar no trabalho. O Office Oasis é mais silencioso. Algumas das salas de reunião são até legais, se você estiver disposto a pagar para que o cliente se sinta à vontade. Além disso, tem coisas como impressoras de alta qualidade e salas de videoconferência, se precisarmos. Já tentou imprimir alguma coisa no *business center* de algum hotel? Em geral são computadores e impressoras de dez anos atrás, que dão defeito o tempo todo. Nosso tempo sempre é limitado. Precisamos de previsibilidade. Não estamos a fim de surpresas. Pelo menos aqui sabemos o que vamos encontrar, em qualquer cidade em que estivermos.

– Há algo de que não gostam aqui?

– Bem, continua evidente que aqui estamos só improvisados, mas não há nada a fazer a respeito. E algumas das pessoas aqui não têm exatamente o nosso estilo. – Ele gesticulou em direção a dois jovens sentados ali perto usando jeans, tênis e bonés de beisebol. – Também é difícil prever ou controlar tudo que o cliente vai vivenciar: você nunca sabe quem vai aparecer ou o que vão estar fazendo.

– Na verdade, até que eu gosto daqui – disse o colega mais jovem. – Talvez seja uma questão de geração. Sinto que esta é a minha turma. Gosto do esforço que eles fazem para incentivar a ideia de comunidade. Você tem como ampliar sua rede profissional, mas também socializa um pouco.

Jordan conjecturou se o mais jovem receava apresentar um ponto de vista não conformista, porque ele logo acrescentou:

– Uma coisa em que nós dois concordamos: o café daqui é horrível. Reclamamos, mas acho que para eles isso não tem importância. Dá para entender, não faz parte do modelo de negócios deles. Bom, é isso, acho que está na hora de voltar ao trabalho. Bom falar com vocês.

Alex e Jordan passaram mais duas horas na área coletiva e conseguiram falar com uma dúzia de outros clientes. As circunstâncias primárias que eles descobriram foram pessoas na cidade para reuniões, terceirizados independentes ou freelancers que não dispunham de outro espaço de escritório e moradores locais que trabalhavam remotamente para empresas maiores. A maioria dos trabalhos para os quais elas "contratavam" o Office Oasis era funcional, mas muitos ressaltaram os benefícios sociais e emocionais. Esses foram os mais evidentes no ponto de vista partilhado por um jovem freelancer.

– Eu adoro ser autônomo – explicou. – Sou programador. Tenho um negócio verdadeiramente bem-sucedido. Chego a ganhar mais do que a maioria dos meus amigos que trabalham para grandes empresas. Mas às vezes isso me deixa inseguro. Trabalhar para uma empresa lhe dá um senso de identidade profissional, influencia não apenas como você se sente sobre si mesmo, mas como seus amigos ou sua família enxergam você. Às vezes sinto falta disso. Vir até aqui me dá um pouco dessa sensação. Também me dá uma impressão de rotina e me força a sair para a rua e me arrumar. É como se eu me sentisse... adulto. Sempre achei meio besta, até que vivi na própria pele essa necessidade. Trabalhar por conta própria às vezes também é solitário. Aqui eu consigo encontrar outras pessoas e conversar. Acho que é outro motivo pelo qual gosto de trabalhar neste lugar.

No fim da tarde, quando sentiram estar chegando a um ponto em que a pesquisa já não estava rendendo tanto, os dois dirigiram-se ao tipo de competidor seguinte na lista, representado, nesse caso, por um bar chamado O'Sullivan's.

– É o mesmo lugar que Gerald mencionou quando falamos com ele e seus amigos no Tazza – disse Jordan. Embora já tivessem evitado ser expulsos do Office Oasis, ela estava naturalmente ressabiada em relação ao destino seguinte. – Você sabe que nos bares tem leões de chácara, Alex?

– Bem lembrado. Mas vai dar tudo certo. Lembre-se: quando você é franco em relação ao que está fazendo e sua motivação é genuína, as pessoas lhe dão o benefício da dúvida. Mas é melhor deixarmos os cadernos no carro. Isso ajuda a não chamar tanta atenção.

O O'Sullivan's, ao contrário das redes que eles haviam visitado antes, tinha um único e aconchegante endereço em uma esquina do centro de Boston. Às cinco e meia da tarde, já não havia mais lugar para sentar, pois o público saído do trabalho estava tirando proveito do desconto da happy hour.

Mesmo assim, eles conseguiram garantir um pedacinho do bar na hora em que dois homens pegaram suas bebidas e liberaram o balcão em busca de outros ares. Rock à moda antiga tocava dos alto-falantes no teto, que, somados às vozes gritando para abafá-lo, tornavam quase impossível ouvir um ao outro. O público estava mais para jovem, na média entre os 25 e os 35 anos, e parecia um misto de trabalhadores da região, jovens profissionais liberais e estudantes.

– Como é que vamos conseguir falar com alguém aqui? – gritou Jordan. – Estou berrando e não consigo nem ouvir minha própria voz!

– Vamos observar por um instante e ver o que conseguimos aprender desse jeito – gritou de volta Alex. – Depois vamos ver se é mais fácil escutar de uma daquelas mesas ali. Se não der certo, talvez seja melhor ir lá fora para falar com as pessoas.

Jordan disse "Ok" com um movimento dos lábios e os dois se debruçaram no balcão. Olhando ao redor, ela observou grupinhos quase só de homens ou quase só de mulheres, na maioria em silêncio enquanto seus olhares investigavam o salão em busca de... de quê, exatamente? Outros solteiros, talvez. Ou talvez à procura de algo interessante para se distrair. De quando em quando, irrompia um surto de riso em meio ao alarido ou uma reação entusiasmada ao movimento incessante de bebidas do bar.

Que trabalhos as pessoas estão tentando realizar aqui?, Jordan se perguntou. *Encontrar o amor de sua vida? Descontrair depois de um longo dia? Fazer novas amizades? Encontrar um parceiro? Cair em um abismo de desespero niilista?* Ela podia imaginar a existência de alguns trabalhos relacionados à comunidade ali, mas de um tipo diferente daqueles encontrados no Tazza. Com certeza ver gente, entreter-se. Mas comunicação e conexão de verdade? Parecia impossível.

Seus pensamentos foram interrompidos pelo barman perguntando o que eles queriam tomar. Alex pediu uma cerveja e, embora Jordan não quisesse nada em especial, sentiu-se obrigada a pedir o mesmo. *É assim que você paga o aluguel do espaço no bar*, pensou, lembrando as palavras de Amelia, a universitária.

Depois de vinte minutos de golinhos sem muito entusiasmo e de observação ("Definitivamente, esse é um trabalho bom de realizar aqui!", gritou Jordan), o movimento normal do bar foi perturbado pela chegada de um grupo de ruidosos torcedores. Todos estavam usando roupas com o escudo do time – nos bonés, nas echarpes, nas camisas, nos agasalhos – e alguns tinham até o escudo pintado nos braços e no rosto. Pareciam estar fazendo um aquecimento para a partida e, de alguma forma que parecia impossível, deram um jeito de se espremer dentro do bar lotado. Com a bebida, o grupo realizava um ritual pré-jogo de gritos e cânticos que falavam do amor incondicional ao time e do desprezo incondicional aos rivais. Ao contrário de todos os demais, o grupo parecia estar se divertindo a valer.

O líder foi direto para o balcão, onde o barman debruçou-se para lhe dar um grande abraço.

– Cachorrão! O que é que você manda?

– Meu garoto! Aquecendo para o jogão de hoje à noite – disse Cachorrão.

– Para você, o de sempre? – perguntou o barman.

– É claro! Duas jarras... Casa cheia hoje.

– Demorou – respondeu o barman.

Ele foi à chopeira e produziu rapidamente duas jarras do "de sempre". Cachorrão levantou a mão aberta para o barman e disse:

– Toca aqui! – E foi embora.

– Fascinante – murmurou Alex, dizendo em seguida a Jordan: – Sabe, talvez seja melhor a gente reduzir o prejuízo aqui e ir direto para o Stella's. É nosso último tipo de concorrente. Depois podemos fazer um pequeno balanço. O que acha?

– Não sou eu que vou discordar!

A incursão ao Stella's foi a menos surpreendente do dia. Rede nacional de centenas de cafés por todo o país, o local parecia ser definido, acima de tudo, pela uniformidade. Por dentro, era idêntico a qualquer outro Stella's que Jordan já havia visitado, com um salão imenso pontuado por mesinhas e um punhado de sofás. Grande parte do espaço era dedicada a mostruários de mercadorias, o que dava ao lugar, na opinião dela, uma cara comercial pouco atraente. Jordan ficou impressionada com o pequeno número de pessoas que pareciam interagir: grupos de não mais de duas, muitas aparentemente em situações formais de trabalho.

Exaustos depois de um dia intenso, eles decidiram adiar novas entrevistas e, em vez disso, refletir sobre a jornada.

– O mais surpreendente é que sempre imaginei que a verdadeira concorrência do Tazza fossem sobretudo os outros cafés – disse Jordan. – Como este lugar ou as grandes redes de livrarias que possuem cafés, ou pequenos endereços isolados. Ou até gente que faz o próprio café em casa. Mas passamos o dia em restaurantes, escritórios, bares... ambientes completamente diferentes. E nem tenho certeza de que esgotamos todos os concorrentes. Também fiquei impressionada com a *quantidade de trabalhos diferentes* para os quais as pessoas "contratam" a mesma solução. Como o Office Oasis... De tudo, de impressionar clientes exigentes até sentir-se adulto, passando por conhecer gente nova.

– Pura verdade – disse Alex. – Ver o mundo pela lente dos trabalhos pode mudar não apenas *quem* você enxerga como concorrente, mas sua compreensão de *como* concorre com eles.

Muitas vocês você descobre que está disputando não apenas uma, mas várias competições ao mesmo tempo, com regras diferentes e até conflitantes. É por isso que esse mapa do panorama do mercado que estamos criando é tão importante, já que vai nos orientar e ajudar a ver o contexto maior de tudo que está acontecendo. Mas vamos chegar lá amanhã, nosso último dia.

16

DESVENDANDO O CASO

Após mais da metade de um dia gasto investigando a concorrência, alguns temas se destacaram com clareza. O primeiro era quão restrito parecia ser o foco de cada competidor na solução de trabalhos específicos do consumidor. O Santé, por exemplo, buscava satisfazer as necessidades alimentares do cliente em deslocamento. O bar O'Sullivan's era ideal para ajudar os mais jovens a se encontrar e se conectar de forma casual. O Office Oasis, apesar das restrições apontadas por Mike, era bastante apropriado aos trabalhos funcionais de uma grande parcela de trabalhadores em trânsito e freelancers.

Essa especialização era reforçada pelos trabalhos para os quais eles *não* estavam preparados. O salão pequeno do Santé e o reduzido número de mesas, todas de apenas dois lugares, tornavam impossível imaginar-se passando muito tempo ali para ler, trabalhar ou socializar. O O'Sullivan's claramente não era o lugar para se fazer uma pausa para descanso ou conversar de forma longa e profunda. O Office Oasis não se esforçava muito para solucionar o trabalho de quem buscasse interagir e, mesmo assim, focava apenas em ajudar no networking profissional, mais do que em criar relações pessoais ou um senso de comunidade.

Usando essas informações, Jordan criou a versão final do mapa do mercado do Tazza. Depois de ampliar as linhas e as colunas para capturar os principais trabalhos e circunstâncias identificados por eles, ela destacou as regiões em que cada um dos concorrentes parecia focar.

Mapa do mercado do:
Tazza

		Circunstâncias									
		Mike – Trabalhador em trânsito	Amelia – Sábado à noite	Amelia – Final da manhã	Os 3 Amigos – Aposentados	Maggie – Começo da manhã	Maggie – Depois da ioga	Olivia – Depois da ioga	Comer na rua de manhã	Comer na rua à tarde	Comer na rua à noite
Trabalhos	Trabalho – Computador	X		✓							
	Trabalho – Reuniões	X	*Office Oasis*								
	Trabalho – Ligações	X									
	Conexão – Conhecer gente nova	X	X		X						
	Conexão – Passar tempo com amigos		X		✓		✓	✓			
	Conexão – Sentir-se próximo à família		*O'Sullivan's*								
	Conexão – Sentir-se parte da comunidade				✓						
	Diversão – Música ao vivo		X								
	Diversão – Jogos				✓						
	Diversão – Assistir a esportes				X						
	Bem-estar – Ter um ritual diário					✓					
	Bem-estar – Turbinar a energia					✓			✓	✓	✓
	Bem-estar – Dar uma parada							✓	✓	✓ *Santé*	✓
	Bem-estar – Lanchar								X	X	X
	Bem-estar – Fazer uma refeição saudável								X	X	X

De volta à sede do Tazza, Jordan projetou o mapa em uma tela do tamanho da parede e tanto ela quanto Alex recuaram para estudar o quadro.

– Resultado fascinante – comentou Alex. – Este mapa, somado aos detalhes da descrição de trabalhos que criamos, deve conter todas as informações de que precisamos para responder às perguntas centrais a que nos propusemos a responder: por que o Tazza é "contratado" e por que é "demitido". Jordan, claramente você tem um talento inato para enxergar padrões úteis nos números. Quem sabe a gente possa começar pelos seus comentários?

Jordan obedeceu contente, mas estudou o mapa por um minuto inteiro antes de falar:

– Ok. Quanto ao porquê de o Tazza ser "contratado", acho que minha resposta tem dois níveis. O primeiro é simplesmente a lista de trabalhos que temos aqui no eixo vertical deste mapa. Todos foram descobertos conversando com clientes de verdade. Então é razoável concluir que se trata de uma lista bastante abrangente dos trabalhos para as quais o Tazza é "contratado" hoje em dia.

Ela continuou sua análise ao mesmo tempo que tirava uma caneta laser da mochila.

– O segundo nível é mais sutil, pois você tem que olhar apenas para as casinhas ticadas: são os trabalhos para os quais o Tazza é "contratado" *e* os clientes acham ser uma ótima solução para a questão.

Apontando o laser para a tela, ela destacou o trabalho "Conexão – Passar tempo com amigos" com um pontinho vermelho.

– Vamos pegar este trabalho aqui. Tanto Maggie quanto Olivia "contratam" o Tazza para isso e claramente estão satisfeitas com os resultados. Elas disseram ser porque podem achar uma mesa tranquila, gostam do café e é perto de onde elas se encontram para seus exercícios. Não é cheio demais, então elas sentem que podem ficar por lá o tempo que quiserem. Esse exemplo mostra que, para responder plenamente por que as pessoas "contratam" o Tazza, a gente precisa identificar os trabalhos prioritários delas *e também* as razões pelas quais elas acham o Tazza uma ótima solução.

– Concordo com as suas conclusões – disse Alex. – Você também fez uma lista de vários detalhes essenciais da experiência Tazza que o tornam uma boa combinação para esses trabalhos. Para os outros pontos do mapa, onde estão os "X", como você explicou, o Tazza não é tão interessante.

– Isso significa que o Tazza não deveria nem estar tentando atuar neles? – perguntou Jordan.

– Possivelmente... Vamos voltar a isso logo, logo. Primeiro vamos responder a outra questão importante: por que o Tazza está sendo "demitido"?

Isso era mais difícil de responder. Os dois continuaram fortemente concentrados na tela por vários minutos, até que Jordan finalmente se pronunciou:

– Para mim, as primeiras pistas estão onde atuam os concorrentes. Essas zonas do mapa se sobrepõem aos lugares onde o Tazza é "contratado" mas não é uma boa solução, daí todos os "X". Apesar disso, constatamos que esses concorrentes são ótimas soluções para esses mesmos trabalhos e circunstâncias. Isso quer dizer que são partidas bem complicadas para o Tazza vencer. É possível que as pessoas experimentem o Tazza para esses trabalhos, mas então descubram que existem soluções melhores e "demitam" o Tazza. Isso vai ficando cada vez mais provável à medida que essas cadeias crescem e se tornam mais comuns nos bairros onde estamos.

Alex sintetizou, mais para si mesmo do que para Jordan:

– Então a explicação número 1 é: os concorrentes focados em trabalhos específicos estão arrancando clientes que não estavam verdadeiramente felizes com o Tazza. Mais alguma coisa?

– Hum... Estou pensando nos melhores clientes do Tazza –

respondeu Jordan. – Por que eles têm sido fiéis há tanto tempo? Como aconteceu com Maggie e Olivia, deve ser porque os detalhes da experiência Tazza casam perfeitamente com aquilo que procuram. Mas vários detalhes que importam muito para eles parecem conflitar com as mudanças recentes que fizemos. Pegue o trabalho de "sentir-se parte da comunidade local". Ouvimos muitas explicações de por que o Tazza se encaixa tão bem nesse trabalho: o público de cada filial era regular o bastante para você sempre poder contar com rostos conhecidos. Alguns frequentadores eram moradores antigos, e isso fazia os demais se sentirem conectados à história e à cultura da cidade, mesmo fora do café, como se também fossem locais. Isso foi reforçado pela decoração personalizada para o bairro de cada café. E até as caras novas eram, na maioria, amigáveis.

Jordan fez uma pausa quase imperceptível e continuou:

– Mas, agora que estamos tentando trazer os clientes em deslocamento e os executivos, e ainda usando um valioso espaço do salão para reuniões de negócios, o público ficou mais variável... e fugaz. Menos interessado em encontrar outras pessoas e em interagir de verdade com elas. O ambiente fica mais genérico por conta de todos os novos acréscimos ao cardápio e à decoração, fazendo perder a cara local. Os frequentadores começam a sumir. E, depois que alguns somem, o público fica menos familiar, dando início a uma reação em cadeia.

Por fim, ela mesma resumiu:

– Assim, a explicação número 2 é: o Tazza perdeu de vista o que mais importa para os seus melhores clientes. Isso fez com que elementos cruciais da experiência se perdessem, já que o Tazza acrescentou todas aquelas coisas para atrair um conjunto mais amplo de pessoas. Acabou com uma solução de "tamanho único" que não atende ninguém e os clientes mais antigos sumiram.

– Excelente – disse Alex. – Ambos são mistérios de mercado com um padrão muito comum de se ver, sobretudo em empresas buscando novas formas de crescer. Tanta pressão para conseguir novos clientes pode resultar em uma espécie de crise de identidade organizacional.

– Como assim? – perguntou Jordan.

– Pense nisso da seguinte forma – disse Alex. – Toda organização, em qualquer momento determinado, atua de acordo com um conjunto de premissas sobre o negócio em que se encontra. Premissas sobre os clientes que atende, como os atende, contra quem compete, como compete, que forças exteriores a afetam, como inova e assim por diante. Podem ser premissas explícitas, mas é mais comum que sejam tácitas, que todos considerem como dadas.

Jordan ouvia com atenção enquanto Alex continuava sua explicação:

– Seja como for, o que importa é *qual* premissa é vista como a mais importante para definir um negócio. Algumas empresas se comportam como se seus *produtos* fossem primordiais e se definem da forma apropriada a isso: "Estamos no ramo de automóveis", "Estamos no ramo de seguros", e assim por diante.

– No nosso caso – disse Jordan –, o paralelo seria "estamos no ramo de café".

– Exatamente – concordou Alex. – Mas essa abordagem faz com que você caia naquilo que chamou de Tolice de Ptolomeu, ou Ptolice. Ela coloca no centro do seu modelo da realidade uma coisa errada, tornando impossível compreender o que realmente está acontecendo ao redor ou o que fazer a respeito. A meta passa a ser vender mais produtos, mesmo que isso signifique afastar-se daquilo que o fez bem-sucedido inicialmente: solucionar um conjunto de trabalhos dos clientes. Daí a crise de identidade organizacional.

– O que este mapa tem de mais útil é que ele mostra o *verdadeiro* negócio, ou negócios, em que o Tazza se encontra atualmente, nos quais os trabalhos dos clientes se tornam uma dimensão primordial. Essa é a questão crucial que Cate e sua equipe precisam decidir: que negócio querem ser para seguir adiante.

– É essa a mensagem que vamos passar à equipe de liderança? – perguntou Jordan.

– Com certeza – respondeu Alex. – Mas precisamos de mais uma rodada de interpretação, a fim de ter tudo de que eles precisam para tomar decisões. No fim das contas, é para isso que ela nos pediu que fizéssemos esta investigação.

– Que tipo de decisões?

– Para colocar de forma simples, que coisas o Tazza deve começar, parar ou continuar a fazer para atingir suas metas. Nesse caso, a equipe busca estancar a perda de receita e entrar em uma rota de crescimento sustentável. Ela precisa de um plano de como fazer isso, o que representa um conjunto de decisões em relação a onde concentrar tempo, dinheiro e ativos da empresa, e onde não focar.

Alex aproximou-se da tela e apontou para a área na qual apareciam mais casinhas ticadas.

– Para isso, a última coisa que temos que fazer é ressaltar quais áreas do mapa se encaixam melhor com o Tazza, como se fosse nossa base dentro de todo esse território. É o que chamamos de *mercado principal*. É onde temos uma solução que o cliente adora, melhor do que a dos concorrentes e alinhada com nossa missão e nossa identidade.

Rapidamente Jordan destacou mais um bloco no mapa.

– Acho que é esta área aqui: trabalhos relacionados a conexão e entretenimento, para gente que mora por perto e passa um tempo significativo no café para solucionar esses trabalhos.

Alex fez uma pausa para processar e depois concordou.

Mapa do mercado do:
Tazza

Trabalhos / Circunstâncias	Mike – Trabalhador em trânsito	Amelia – Sábado à noite	Amelia – Final da manhã	Os 3 Amigos – Aposentados	Maggie – Começo da manhã	Maggie – Depois da ioga	Olivia – Depois da ioga	Comer na rua de manhã	Comer na rua à tarde	Comer na rua à noite
Trabalho – Computador	X		✓							
Trabalho – Reuniões	X									
Trabalho – Ligações	X									
Conexão – Conhecer gente nova	X	X		X						
Conexão – Passar tempo com amigos		X			✓		✓	✓		
Conexão – Sentir-se próximo à família										
Conexão – Sentir-se parte da comunidade					✓					
Diversão – Música ao vivo		X								
Diversão – Jogos					✓					
Diversão – Assistir a esportes					X					
Bem-estar – Ter um ritual diário					✓					
Bem-estar – Turbinar a energia					✓			✓	✓	✓
Bem-estar – Dar uma parada							✓	✓	✓	✓
Bem-estar – Lanchar								X	X	X
Bem-estar – Fazer uma refeição saudável								X	X	X

Office Oasis · *O'Sullivan's* · "Núcleo" do Tazza · *Santé*

— Esse quadro é a coisa principal de que precisamos para a imersão. Vamos compartilhá-lo com a equipe e colocar duas perguntas: primeiro, como estabilizar e crescer no mercado principal? Supondo que eles concordem com nossa definição, é claro. Segundo: em que outras coisas do mapa o Tazza deve focar?

Jordan, como sempre, começou imediatamente a responder:

— A impressão é que, para o núcleo crescer, precisamos voltar para a experiência que oferecíamos antes. Depois, encontrar formas de torná-la ainda melhor, com um foco bem preciso na descrição dos trabalhos para os clientes do núcleo. Não sei como responder à segunda pergunta... A julgar pelo mapa, as áreas em que atuamos fora do núcleo não parecem muito interessantes.

– Talvez você tenha razão, embora não tenhamos como saber de imediato. Os lugares interessantes para o Tazza têm duas características – explicou Alex. – São *intrinsecamente* atraentes, porque há clientes com trabalhos importantes não realizados, e qualquer empresa que descobrir isso terá muito valor a capturar. Depois, essas áreas precisam ser interessantes *para o Tazza*, especificamente, porque podem criar uma grande solução, que os clientes vão amar e que seja melhor que as da concorrência.

Essa explicação animou Jordan.

– Vai exigir um pouco mais de análise – disse ela, claramente empolgada com a ideia. – Posso passar a noite em claro e entregar um esboço inicial para você amanhã de manhã?

– Jordan, é sexta à noite. Fico muito grato por toda a sua ajuda e por sua dedicação incrível, mas você tem que ir para casa e dar uma descansada. Curta um pouquinho seu noivo. Você sabe que as pessoas "contratam" relacionamentos em suas vidas para realizar trabalho, também, não sabe? E são os mais importantes de todos!

– Espere... eu não tinha pensado nisso. Quer dizer que dá para aplicar esse negócio na vida pessoal também?

– É claro... embora sua família possa achar que você pirou – disse Alex, rindo. – A linguagem dos "trabalhos" é um jeito verdadeiramente útil de descrever o que as pessoas querem da vida: suas metas e seus sonhos, os problemas que querem resolver, grandes ou pequenos. Depois que você começa a enxergar por essa lente, vê maneiras de aplicar em toda parte. Outro exemplo: a gente costuma achar que são apenas as empresas e os empregadores em geral que contratam pessoas para trabalhar para eles, mas, na verdade, as pessoas "contratam" seus empregadores para realizar trabalhos em sua vida também. E pode parecer meio doido descrever dessa forma, mas, ao se casarem, você e Mark estarão "contratando" um ao outro para realizar uma série de trabalhos em suas vidas. Que trabalhos são esses? E qual a definição de "qualidade" para resolvê-los? Posso apostar que você trabalhar em uma sexta-feira à noite não se encaixa!

Jordan sentou-se, processando tudo com sua expressão facial típica de supercomputador.

– Alex, você está me fazendo pirar com isso. É uma ideia superbacana. Desta vez eu não sei o que dizer.

– Arrá! Deve ser o ponto alto da nossa relação até agora, para mim. Fiz perguntas que você não consegue responder! Isso é inédito.

– Só preciso de 24 horas – disse Jordan, rindo. – Eu darei retorno.

17

POR QUE CONTRATAR UM EMPREGADOR?

No sábado, durante o café da manhã, Jordan contou os acontecimentos da semana ao noivo, Mark, estudante de Direito no terceiro ano com insônia crônica e em meio a uma temporada intensiva de entrevistas de emprego. Quando ela tentou explicar a ideia de entender os "trabalhos" que as pessoas tentam realizar como forma principal de desvendar mistérios de mercado, Mark só ficou olhando com um ar confuso e cansado.

– Por que eu "contrataria" café? Eu nem tomo café.

– Bem, vamos tentar outro exemplo. Para que "contratar" um noivo? Para que você está me "contratando" como parceira para toda a vida?

– Hum... Nunca me ocorreu que você estivesse trabalhando para mim. Se estiver, é um mau negócio para você; você ganha bem mais e eu só estou me endividando cada vez mais. Você ganharia mais com outra pessoa. E esta conversa está ficando meio esquisita.

– Não! Eu vou explicar. Não quis dizer literalmente me *contratando* para trabalhar para você. Estou usando o termo *contratar* como metáfora das nossas razões para consumir coisas, assim como consumimos produtos ou serviços.

– Ah, isso esclarece tudo. Agora eu sou um canibal. Sério, do que você está falando?

Mark estava acostumado a ver Jordan compartilhar animadamente suas descobertas e seus interesses, e acostumado também a demorar muito para acompanhar a mente acelerada dela, mente que conseguia abarcar uma enorme quantidade de temas, o que para muita gente seria inconcebível. Ele adorava isso nela.

– Tudo bem, então me deixe tentar um último exemplo. Você está no meio de entrevistas com uma série de escritórios, procurando emprego, certo? E todos esses escritórios estão avaliando você e outros candidatos, tentando resolver quem devem contratar com base naquele que melhor se encaixa no perfil da vaga. O que eu quero dizer, apenas, é que isso é parecido com o que fazemos quando decidimos quais produtos ou serviços comprar, ou que soluções adotar. Assim como esses escritórios de advocacia, temos trabalhos que precisamos que sejam realizados. Temos muitos deles, o tempo todo, e quando eles surgem, nós procuramos "candidatos", sejam produtos ou outras soluções, que possamos "contratar" para realizar esses trabalhos. E "contratamos" a solução que se encaixa melhor no nosso trabalho.

Jordan fez um gesto, mostrando seu prato.

– Tipo, dez minutos atrás, meu trabalho era "tomar um café da manhã saudável". Abri a geladeira procurando candidatos para "contratar" e acabei optando por fazer essa clara de ovo mexida. Eu "contratei" o mexidão! Nem sempre seria minha escolha, mas foi a opção selecionada nestas circunstâncias: é sábado de manhã, então eu tenho tempo de preparar, e daqui a pouco vou treinar, então queria comer algo com proteína e outros nutrientes para me dar energia.

Mark fez uma cara cansada.

– Tomara que esses escritórios de advocacia queiram "contratar" um mexidão também, porque mexidão é exatamente como eu ando me sentindo... Não vejo a hora de essa temporada de entrevistas acabar.

– Qualquer um deles terá muita sorte de contar com você – incentivou Jordan. – E tem mais uma coisa para levar em conta: não são apenas os escritórios que o contratam. *Você* tem trabalhos que quer executar também, para os quais está procurando "contratar um empregador". Vários trabalhos, aliás. Trabalhos práticos, como ganhar dinheiro para pagar as contas ou ter um plano de saúde. Mas também trabalhos emocionais, como sentir inspiração ou ter a sensação de estar evoluindo e aprendendo coisas novas. E trabalhos sociais, como fazer parte de uma comunidade com valores compartilhados ou propósito, ou dar uma contribuição ao mundo. Portanto, tanto você "contrata" um empregador quanto um empregador contrata você.

– É um jeito interessante de ver as coisas – reconheceu Mark. – Adoraria descobrir qual é a lista de trabalhos para os quais estou "contratando" um emprego... mas preciso me preparar para o encontro com meu grupo de estudos. Posso colocar isso na nossa lista de assuntos para a hora do jantar?

– É claro – respondeu Jordan com um olhar afetuoso.

Depois que ficou sozinha tomando seu café da manhã, ela pôs-se a pensar no caos resultante. Embora estivesse empolgada com as conclusões da véspera e acreditando que basicamente isso desvendava o mistério, ainda havia algo que a incomodava. Era como se ainda estivesse faltando uma peça do quebra-cabeça.

Ela recapitulou mentalmente o que aprendera até ali. Estava claro que a experiência Tazza tinha ficado muito diluída ao tentar ser tudo para todo mundo, gerando uma solução de tamanho único que não era apropriada para ninguém. Perdeu-se de vista aquilo que importava aos seus melhores clientes, que, compreensivelmente, foram se afastando. Também tinha ficado claro que os programas de Rob não apenas eram ineficazes, mas pioravam as coisas, ao repelir esses mesmos clientes.

Mas será que esse mistério não teria mais nada? Teriam eles chegado ao cerne da questão ou haveria outra coisa? E onde, depois de todas as conversas que tiveram, estaria o Prefeito?

Jordan pensou, contente, que sua primeira atividade do dia seria a aula de *spinning* do sábado. A melhor hora da semana estava repleta de um misto de bons amigos e personalidades interessantes e era comandada pelo grupo de pessoas mais inspiradoras que ela conhecia. Não havia nada melhor que buscar seu limite físico enquanto a música eletrônica bate-estaca tirava o entulho e os receios de sua mente normalmente cristalina. Isso muitas vezes a levava a encontrar soluções para os problemas em que estava trabalhando, e ela esperava que fosse o caso de novo ao pegar a mochila de ginástica e sair correndo porta afora.

18

A AULA DE *SPINNING*

Jordan entrou apressada no estúdio de *spinning*, ainda ruminando o caso do Tazza. O estúdio era como um templo dedicado à causa da transpiração coletiva, onde, todos os dias, instrutores altamente treinados comandavam rituais de uma hora de duração de esforço em ergométricas. Jordan o descobrira logo depois de se mudar de Michigan, seis meses antes, e o simples fato de adentrá-lo já melhorava seu humor e seu nível de energia.

Pequeno para os padrões do Meio-Oeste, o estúdio possuía apenas duas salas dedicadas às aulas coletivas, uma área de aquecimento e um *juice bar* chamado Polly's (nome do beagle da proprietária). Mas, em pouco tempo, tornara-se para Jordan uma casa longe de casa. A maioria da turma era gente de outras cidades, até certo ponto, e esse sentimento em comum de estar longe das raízes integrava ainda mais a todos nessa experiência aos sábados.

A melhor amiga de Jordan ali era Marjory, uma mãe sofrendo da síndrome do ninho vazio e tentando se reciclar para a economia digital fazendo cursos de programação. Elas se tornaram amigas quando Jordan se propôs a lhe dar aulas de reforço nos fins de semana. Marjory costumava chegar primeiro às aulas, enchendo o lugar com a energia de uma mãe livre dos filhos e recuperando o tempo perdido. As duas pedalavam lado a lado toda semana, depois iam para o *juice bar* fazer a resenha da aula, partilhar histórias pessoais, se atualizar sobre o último reality show que viram na TV e beber seus sucos favoritos. Muitas vezes a instrutora preferida das duas, Becky, juntava-se a elas.

Jordan encontrou Marjory alongando os posteriores das coxas na área de aquecimento.

– E aí, Marjory? Pronta para um dia daqueles? Já cheguei quase à metade da minha meta. Acho que consigo bater hoje. Becky vai ficar orgulhosa de mim!

As "metas" eram programas individuais elaborados por Becky com base na saúde e nos objetivos de cada um. Além da dose de adrenalina que vinha de fazer *spinning* com outras pessoas, o incentivo de Becky para se esforçarem mais e a música energizante cuidadosamente selecionada por ela para acompanhar cada estágio da malhação faziam da meta um dos aspectos mais inspiradores da experiência.

Quando Marjory virou-se para vê-la, Jordan percebeu que havia algo errado, pois o jeitão normalmente bem-humorado dela estava ausente.

– Você não soube? Becky não vem hoje. Ela ainda ficaria por aqui mais dois meses antes de sair de licença-maternidade, mas parece que teve alguma complicação e o médico antecipou o repouso. Nada grave, ela só preferiu se precaver.

A notícia atingiu Jordan com um peso emocional que ela não esperava. É claro que todo mundo estava feliz em saber que Becky ia ser mãe pela primeira vez, e a saúde tinha que estar em primeiro lugar, mas Becky era o corpo e a alma do estúdio. Ela não só motivava todos a fazer mais do que julgavam possível como também se importava com cada um. Jordan até tinha mudado sua agenda nas tardes de quinta para poder fazer duas aulas semanais com Becky, depois de se decepcionar com alguns dos outros instrutores.

– Não, não soube – respondeu Jordan, decepcionada. – Quer dizer, espero que ela esteja bem. E é claro que ela tem que colocar o bebê e a saúde em primeiro lugar. Mas sem ela não vai ser a mesma coisa.

Subitamente, aquele lugar não parecia mais aquela arena inspiradora onde heróis buscavam nobres metas de fitness, e sim mais um daqueles shoppings da periferia de frente para um estacionamento velho e todo esburacado.

– É, eu sei – concordou Marjory. – Vai ser bem difícil manter a motivação sem a Becky aqui. Eu estava meio em negação que ela ia tirar licença-maternidade, mas achava que ia dar para continuar em negação mais uns dois meses. Sei lá, será que era o caso de procuramos outro lugar? De preferência com *juice bar*. Se não der para falar do último episódio da série, vou pirar.

Jordan ficou desanimada com a notícia, sensação aguçada por toda a atividade das duas semanas anteriores. Tinha sido empolgante, mas então se deu conta de como tantas mudanças na rotina tinham sido cansativas. E agora, uma mudança a mais à qual se ajustar.

Marjory fez o possível para animá-la:

– De qualquer maneira, vamos levando os treinos. Ainda dá para ver a Becky: ela criou um grupo para me levar mais tarde a um brunch pelo meu aniversário. Você precisa ir. Não acredito que ela lembrou! Até os meus filhos esqueceram. Tem um bistrô que acabou de abrir na State Street, parece que os ovos beneditinos são uma maravilha. E depois estamos pensando em ir ver um filme na...

– Espera! – interrompeu Jordan. – Marjory... o que você acabou de dizer?

– Tem um bistrô novo, o nome é Florio's, ou Cheerio's, alguma coisa assim.

– Não! Antes disso.

– Hum... a turma do *spinning* quer me levar para comemorar meu aniversário?

– Isso... é claro... Marjory... é isso! Descobri o que eu estava deixando passar o tempo todo!

Marjory estava acostumada às peculiaridades de Jordan, mas em geral atribuía isso à dimensão superior em que ela vivia, acima dos meros mortais. Dessa vez, porém, ficou pensando se Jordan tinha pirado de vez.

– Jordan... de que é que você está falando?

– Desculpe, Marjory, não posso ficar para a aula. Acho que sei onde está o Prefeito!

Jordan pegou a mochila de ginástica e saiu correndo, deixando Marjory plantada e perplexa. Vendo Jordan se afastar, ela gritou de longe:

– Que prefeito?

19

A IMERSÃO

A Prescott House, em Cape Cod, era uma mansão de verão do início do século XX, construída pelo magnata que lhe deu nome, e que agora era utilizada para a realização de eventos e casamentos. Apesar de menos opulenta que suas irmãs da *Gilded Age* (a Era Dourada do capitalismo americano no fim do século XIX) mais ao sul, em Newport, tinha 40 quartos para hóspedes e um imenso gramado em declive até o mar, onde daria para instalar com folga dois campos de futebol. A apenas uma hora de carro de Boston, ficava quase fora de Cape Cod, na parte de dentro do "cotovelo" da península, bem a sudeste do "bíceps flexionado" onde atracaram, séculos atrás, os primeiros colonos ingleses. Embora seu fundador tivesse tido a magnanimidade de proteger o terreno em volta com uma reserva ecológica, Alex não pôde deixar de pensar que esse gesto nobre ficou, de certa forma, prejudicado pela presença, no mesmo local, do mausoléu do próprio Prescott. Porém, depois de uma viagem de carro cheia de belas paisagens, passando pelas árvores frondosas da primavera e por campos de cranberries, ele estava disposto a ser benevolente com o Sr. Prescott.

Massimo, que Alex encontrou no saguão assim que chegou, foi menos indulgente:

– Um mausoléu! Quem precisa mandar fazer o próprio mausoléu? Lá na Itália temos um ditado: *Alla fine del gioco, re e pedone finiscono nella stessa scatola*. "No final do jogo, o rei e o pião acabam na mesma caixa."

Às nove horas, o restante da equipe já chegara, procedente de seus respectivos subúrbios de Boston. Depois de abastecerem o tanque com um bufê de café da manhã, todos se sentaram em torno de uma grande mesa oval de reunião que ficava localizada onde outrora fora a sala de visitas da família Prescott, agora adaptada com as ferramentas de um ambiente executivo moderno.

Cate deu o pontapé inicial apresentando os rostos menos conhecidos no salão:

– Obrigada a todos por estarem aqui hoje. Temos um trabalho importante a fazer, por isso valorizo o envolvimento pleno de vocês. Antes de começar, gostaria de apresentar alguns convidados especiais que, para alguns de vocês, podem ser novidade. Primeiro, temos aqui dois dos membros do nosso comitê, Ethan Raynor e Katrina Romero. E este é Henry Durant, o executivo sênior do Clarity Bank que está comandando nosso IPO. É ótimo ter todos vocês aqui hoje.

Os três reagiram de forma solene, meneando em silêncio a cabeça, e Cate prosseguiu:

– Temos um objetivo hoje: alinhar como vamos atingir nossas metas de crescimento ao longo do ano que vem. Estamos em um ponto de virada na história da empresa e é essencial termos um plano claro, com o qual estejamos todos comprometidos. As decisões que tomarmos vão determinar onde vamos concentrar nossos recursos para a metade que falta do ano fiscal, inclusive o horizonte temporal para o IPO, daqui a menos de dois meses.

A equipe escutou com atenção, com olhares ocasionais para

Henry, o banqueiro, na esperança de ter uma pista de seu estado de espírito. Todos sabiam que ele estava lá para avaliar o futuro do Tazza (e a eles próprios) e que aquele era o dia decisivo para o IPO.

– Rob, sei que você vem trabalhando com a equipe na preparação de updates das novas iniciativas de crescimento e estamos ansiosos para ouvir a respeito. Primeiro, porém, vamos ouvir Alex Baker. Como vocês sabem, contratamos Alex para recolher algumas ideias novas sobre nossos clientes e nossa posição de mercado. Ele vai compartilhar as conclusões dele de modo que todos possamos trabalhar a partir da mesma base factual. Alex, a palavra é sua.

Alex levantou-se e caminhou para a frente da sala, enquanto um assistente carregava sua apresentação em um notebook.

– Obrigado, Cate. Bom dia a todas e a todos. É um privilégio estar aqui e quem sabe ajudar vocês, por pouco que seja, a enfrentar essas importantes questões. Antes de começar, gostaria de reconhecer a ajuda fantástica que tive, ao longo das últimas semanas, de uma colega de vocês, Jordan Sims. Ela não está aqui hoje, mas nada disso teria sido possível sem ela. Tenho certeza de que já sabem disso, e vocês têm muita sorte de tê-la na equipe.

Muita sorte, pensou Rob. *Logo, logo vou ter uma conversinha com Jordan.*

– Esta manhã vou compartilhar as conclusões da investigação que fizemos em relação ao posicionamento de mercado, aos clientes e aos concorrentes atuais do Tazza. Como Cate deve ter comentado, nosso método foi um pouco heterodoxo. Por isso, vou começar dando algum contexto sobre como o realizamos.

Alex compartilhou rapidamente as informações necessárias sobre como ele e Jordan conduziram a investigação, inclusive a terminologia, o método e as ferramentas essenciais usadas por eles. Ao terminar, apresentou uma imagem com o mapa final que elaboraram. Metodicamente, conduziu o grupo passo a passo pelas suas conclusões em relação aos motivos pelos quais o Tazza era "contratado", era "demitido" e onde o Tazza e seus principais concorrentes estavam atuando.

Enquanto Alex falava, Rob ouvia com crescente irritação. Não estava disposto a deixar as pessoas terem a impressão de que ele não entendia o que de fato estava acontecendo no mercado. Mas, quando finalmente se pronunciou, escolheu com cuidado suas palavras:

– Obrigado, Alex. É muito interessante. Mas se eu estiver lendo corretamente o seu mapa, parece que você confirmou o valor do nosso movimento rumo a diversas categorias novas de produtos. Esses lugares no mapa onde nossos concorrentes estão focados, fora daquilo que você chamou de nosso mercado principal... foi exatamente para essas áreas que eu conduzi a organização seis meses atrás, como novas oportunidades de crescimento.

Rob sentiu-se particularmente satisfeito por ter conseguido lembrar a todos que essas iniciativas tinham sido ideia dele, dando ao mesmo tempo a impressão de usar as conclusões do próprio Alex para justificá-las.

– Não exatamente – retrucou Alex. – Esse mapa é, primordialmente, uma visão dos trabalhos que os clientes estão tentando realizar, que eles "contratam" para resolver, e onde os diversos concorrentes estão focados. De acordo com nossa pesquisa, os clientes preferem outras soluções que não o Tazza nos pontos fora de seu mercado principal, embora isso certamente não queira dizer que não seja possível ganhar nessas áreas no futuro.

Rob não podia deixar aquilo passar sem contestação:

– É claro que ainda não estamos ganhando nesses mercados: acabamos de lançar nossos programas e eles precisam de tempo para apresentar resultados. É um tanto ingênuo esperar que isso ocorra da noite para o dia.

– Concordo – disse Alex. – Essas coisas sempre levam tempo. A questão que vocês devem levar em conta é quanto tempo mais isso pode levar. Rob, você dispõe dos dados mais recentes de performance também, o que, tenho certeza, vai ajudar no seu planejamento.

Nesse momento Rob ficou em silêncio, por não estar ansioso, àquela altura, para focar nesses números. Alex, por sua vez, não tinha o desejo de antagonizar Rob ainda mais. Dominando há muito tempo a arte da diplomacia nas reuniões executivas, ele passou suavemente a uma síntese final:

– Mas Rob levanta aquela que eu considero ser a pergunta *central* de que vocês devem tratar hoje: em que negócio vocês querem estar? Não posso responder a essa pergunta por vocês, e não há análise no mundo que possa. É algo que cada equipe de liderança precisa debater, decidir e aperfeiçoar com o tempo. Meu único conselho, porém, é este: respondam do ponto de vista dos trabalhos que o cliente busca realizar ao "contratar" o Tazza. Não definam seu negócio pelos produtos que vocês vendem ou pelo modelo de negócio, nem por um conjunto qualquer de características do consumidor. Definam o negócio pelos trabalhos dos clientes cuja solução deve motivar sua existência e deixem que essa seja sua estrela-guia.

Passando o olhar por todos na sala, Alex continuou:

– Se vocês tiverem clareza em relação a isso, muitas outras coisas vão se encaixar. Todas as suas energias estarão concentradas naquilo que no fim das contas impulsiona o êxito de qualquer negócio: a criação de valor para o cliente. Vocês verão com clareza contra quem estão concorrendo e o que é necessário para vencer. Mudanças antes inexplicáveis e transformações no mundo à nossa volta começarão a fazer mais sentido. E o mais importante: todos que trabalham no Tazza estarão alinhados com um propósito inspirador... e orientados no sentido de tomar decisões centradas no cliente todos os dias.

Após novo olhar a todos, Alex seguiu com sua conclusão:

– Embora ninguém possa responder a essa pergunta por vocês, este mapa lhes dá um ótimo conjunto de pistas de por onde começar. Durante a maior parte da história do Tazza, suas decisões, fossem elas conscientes ou não, foram nesta área aqui, que destacamos como sendo o mercado principal do Tazza. Seu êxito extraordinário foi criar um ambiente que estimula um senso de comunidade nos clientes, sendo quase um segundo lar, com grande atenção aos detalhes que mais importam para eles. Coisas como um sabor local, rostos familiares, ambientes espaçosos, apoio a atividades e assim por diante.

– Isso parece meio óbvio – interrompeu Rob. – E continuamos atendendo a essas necessidades atualmente. Por que isso mudaria? Na pior das hipóteses, hoje oferecemos a esses mesmos clientes ainda mais, porém com novas formas de gerar receita.

O restante da equipe ficou em silêncio enquanto a reunião se transformava em um debate entre os dois. O banqueiro parecia particularmente interessado em ouvir a resposta de Alex.

– É verdade que alguns cafés continuam indo bem: as unidades nas quais a experiência ainda é otimizada para aqueles que buscam um senso de comunidade. Mas nos outros endereços parece que a tão querida experiência do Tazza foi diluída ao se tentar resolver um conjunto muito mais amplo de trabalhos do cliente, o que fez muitos dos frequentadores mais fiéis deixarem vocês.

Rob tinha começado a manhã irritado, mas agora também estava na defensiva:

– Alex, isso é interessante, mas acho que não seremos capazes de tomar decisões sobre onde investir para crescer com base em apenas um punhado de entrevistas presenciais feitas por você.

– Eu concordo que os números são importantes. Por isso, um ótimo passo seguinte seria validar de forma mais geral algumas dessas observações – disse Alex. – No entanto, com base na minha experiência ao longo dos últimos vinte anos, é muito provável que essas conclusões se confirmem. E o que eu *não* faria seria tomar decisões estratégicas que conflitem com esses resultados.

– Bem, me parece que, enquanto não fizermos isso, não estaremos melhores do que estávamos algumas semanas atrás – argumentou Rob. – Em compensação, estou ansioso para compartilhar números concretos sobre nossas iniciativas de crescimento.

A sala ficou em silêncio enquanto o grupo pesava os argumentos dos dois lados do que parecia ser um impasse. Todos olharam para Cate, e Rob percebeu que Henry Durant a observava atentamente. A equipe sabia que Cate seria decisiva, mas bem na hora em que ela estava para se pronunciar, a porta se abriu e Jordan irrompeu na sala, sem fôlego.

– Oi, pessoal! Mil desculpas por interromper a reunião de vocês. É só que eu tenho uma nova informação para compartilhar, que acho que todos deveriam ouvir. Ah, oi, Alex!

Alex sorriu e acenou da outra extremidade do salão.

– Hum... Ok, acho que esta é uma situação um tanto peculiar. Desculpe, Cate, é a primeira vez que participo de uma reunião como esta, né? Só achei que você precisava ouvir o que descobri sobre o porquê de o Tazza perder clientes. Tudo bem?

Rob falou antes que alguém pudesse responder:

– Jordan, estamos meio ocupados agora. Esta é uma imersão empresarial estratégica e Alex fez um belo papel compartilhando o trabalho que você e ele realizaram. Tudo muito interessante, mas estamos a ponto de passar para a discussão de nossas opções estratégicas e quais das várias iniciativas de crescimento que estou comandando deverão ser reforçadas.

Antes que Jordan pudesse contestar, Ethan Raynor falou pela primeira vez:

– Eu gostaria de ouvir o que ela tem a dizer. Temos tempo. Jordan, por favor.

– Oh, obrigada, senhor! Tudo bem. Creio que vocês já ouviram a fala de Alex. Por onde começar? A questão é: Alex e eu aprendemos um monte de coisas sobre os clientes conversando diretamente com eles. A experiência também foi muito divertida! Recomendo fortemente. Mas havia alguma coisa me incomodando, como se estivéssemos deixando algo passar bem na nossa frente. Só descobri quando estava na aula de *spinning* do sábado conversando com minha amiga Marjory... Bem, acho que parece meio doido, mas posso explicar.

Pelos semblantes do grupo, podia-se afirmar com segurança que parecia, de fato, meio doido. Apenas Alex e Cate pareciam pensar de outro jeito.

– Foi aí que me veio a ideia: passamos a maior parte do tempo nos concentrando em por que, antes de tudo, as pessoas "contratavam" o Tazza, e depois nos elementos de que elas gostavam, ou não, na experiência. Ouvimos algumas ótimas ideias sobre o que poderia melhorar e, o que é fundamental, descobrimos por que as pessoas estavam *demitindo* o Tazza e fazendo nossas vendas caírem. Mas há uma coisa que deixamos passar, um detalhe tão fundamental para a experiência do Tazza que, depois que ele foi embora, as pessoas se mandaram aos montes.

– O que é, Jordan? O que foi que mudou? O que está fazendo tanta falta? – perguntou James, que a olhava fixamente.

Jordan retribuiu o olhar e então disse simplesmente:

– Você, James. Você está fazendo falta.

20

LIGANDO OS PONTOS

Um longo silêncio se fez na sala enquanto o grupo tentava entender o sentido da surpreendente afirmação de Jordan. Até Rob se viu ansioso para ouvir mais e nem Alex sabia direito aonde aquilo ia dar.

– Eu posso explicar – disse Jordan, finalmente conseguindo recobrar o fôlego. – Lembra-se, James, de quando fomos conversar com você em Providence? Perguntamos por que havia ocorrido a virada nas vendas nos três meses anteriores. Você disse que provavelmente isso se devia ao programa de parcerias corporativas, o PIRES, que você tinha lançado naquele período, e a todo o sucesso que sua equipe tivera em conquistar novas contas de empresas. Mas você ainda não tinha feito a medição dos resultados, por isso voltei à minha base de dados e conferi. Quase nada do movimento em Providence se deve a essas parcerias.

James olhava para Jordan sem entender.

– Então continuava existindo esse enigma sobre o motivo por trás da virada – prosseguiu Jordan. – E isso continuou sendo um mistério até a minha aula de *spinning*. Vejam, eu tenho ido lá duas vezes por semana desde que me mudei para cá, faz seis meses. Adoro. Tem sido uma espécie de âncora de estabilidade em um ano de muitas transformações... cidade nova, trabalho novo, noivado. Quer dizer, estou empolgada com o casamento, mas todo o planejamento, a pressão da família... é muita coisa para dar conta. Mas a aula de *spinning* me recarrega e me inspira toda vez. E assim foi até esse sábado, quando fiquei sabendo que minha instrutora de sempre, Becky, ia entrar em licença-maternidade e ficar pelo menos um ano fora. Fiquei contente por ela, mas triste por mim! Fiquei surpresa por ter ficado tão arrasada. Por que a partida dela teve tanto impacto em mim? Tudo mais no lugar era igual: as mesmas pessoas, a mesma rotina, a mesma música, os mesmos sucos deliciosos no *juice bar*. Mas era Becky que tornava o lugar tão especial. Ela se importava de verdade com cada um de nós. Fazia um esforço para compreender nossas metas e nossos sonhos, ajudava a gente a criar planos para realizá-los e sabia como nos motivar a persistir nesses planos. Ela dava até um jeito de nos conectar uns aos outros. Em pouco tempo, passamos a nos preocupar tanto com o sucesso dos outros quanto com o nosso. Como se fôssemos uma equipe, o que tornava tudo ainda mais inspirador. Foi por isso que fiquei tão abalada sem ela por lá. Simplesmente não era a mesma coisa, e de lá para cá não tenho mais vontade de voltar.

Rob foi ficando impaciente.

– História comovente, Jordan, mas o que isso tem a ver com o Tazza?

– Boa pergunta – respondeu Jordan. – Eu não tinha visto a conexão até saber que minha amiga Marjory faria aniversário e que Becky ia levá-la para sair. "Não acredito que até disso ela se lembrou", disse minha amiga. Isso me lembrou algo que aconteceu quando encontramos James em Providence. Havia uma mulher lá com o marido e era aniversário dela naquele dia. Lembra, James? Você pediu que uma das baristas criasse um *latte* especial com a idade dela gravada na espuma. Era um gesto tão gentil, pessoal, que mostrava quanto você se importa. E é *exatamente* o tipo de coisa que Becky faria! Quer dizer, não exatamente: não acho que ela seja capaz de fazer *latte art*... parece meio difícil, né? Mas ela fazia esses gestos carinhosos, pessoais, o tempo todo.

A história fez Cate sorrir com orgulho e dirigir um olhar carinhoso a James.

– Aí caiu minha ficha – prosseguiu Jordan. – Talvez o motivo pelo qual as vendas tenham aumentado em Providence não tenha sido o programa de parcerias iniciado, e sim, simplesmente, *o próprio James* ter se transferido para lá. Depois de chegar, ele não tinha como deixar de recriar a mesma atmosfera de carinho que sempre foi a marca registrada da experiência do Tazza. Ele encarnava essa experiência e ensinava aos outros baristas a importância dela. James é exatamente como Becky. Ele é mais do que um simples instrutor e mais do que um simples barista. Ele é o corpo e a alma do café e da experiência que ele proporciona. Depois que tive essa sacada, um monte de coisas começou a fazer mais sentido. Como a saída de James do Tazza do North End coincidir com o início do declínio mais forte das vendas. E lembrei que uma cliente chamada Nicole tinha falado maravilhas dele. Voltei às minhas anotações daquele dia. Ela disse que James a ouvia reclamar da sua vida amorosa, que a apresentou ao atual namorado e até que achou uma pessoa para alugar um quarto na casa dela. Tudo isso eram toques pessoais só para ela, inclusive conectar-se com outras pessoas na comunidade.

Jordan recobrou o fôlego e continuou seu raciocínio:

– E havia Barb, a mulher que "demitiu" o Tazza... Ela relatou uma série de coisas que tinham mudado no Tazza e que a fizeram ir embora. Mas qual foi a coisa importante que ela encontrou no country club? O *coach*, Liam! Ela é louca por ele e, quando ele passou por lá, teve a gentileza pessoal de dar a ela o número de um fisioterapeuta, não para ela, mas para a filha dela.

– Jordan, você está dizendo que toda a nossa queda nas vendas foi provocada por um único barista que mudou de função e foi transferido? – perguntou Kelly.

– Não, não é nada tão radical. Acho que o que aconteceu é que não compreendemos totalmente *por que* nossos melhores clientes estavam nos "contratando" e que um dos elementos mais essenciais da experiência do Tazza era o papel desempenhado pelos baristas. Não apenas James, mas todos eles. Que outro evento aconteceu mais ou menos na época em que James trocou de função? Tivemos uma rotatividade alta na equipe de baristas, então tínhamos um monte de gente nova. Normalmente eles passariam pelo programa de treinamento criado por James e subiriam a bordo conhecendo o jeito Tazza de fazer as coisas. Mas, como nos disse James, ele teve que interromper o programa por conta de todo o trabalho nas outras iniciativas de crescimento. No entanto, qual foi o único lugar onde ele ressuscitou o programa?

– Na filial de Providence – respondeu James. – É verdade que eu não tenho mais muito tempo para supervisionar o programa de treinamento – disse ele com um suspiro, verbalizando finalmente uma frustração havia muito guardada.

– Isso me parece autêntico, Jordan – disse Cate. – Importar-se com cada pessoa e ligar os pontos para criar uma comunidade. Era exatamente isso que Marco fazia lá na Itália, naquele pequeno café de Florença que inspirou o Tazza. Acho que começamos a achar que isso nunca ia mudar em nossos cafés e perdemos de vista o que era mais importante para nossos clientes.

Rob, que vinha sofrendo para permanecer em silêncio, finalmente interrompeu:

– Você está dizendo, então, que tudo que Alex está contando para a gente está errado?

Alex ficou pensando se Rob queria que fosse o caso.

– Não – disse Jordan. – Todas as coisas que Alex explicou continuam sendo muito importantes. Mas precisamos entender *todas* as razões pelas quais o cliente nos "contrata". Até voltei e rodei alguns programas para analisar a queda de vendas em nossas 14 filiais em relação ao nível de rotatividade na equipe de baristas. Constatei uma forte correlação. Então é como se estivéssemos começando a diluir a experiência com todas essas outras coisas, aí perdemos alguns dos elementos mais importantes e de repente o Tazza deixou de ser tão especial.

Rob já estava vendo onde aquilo ia dar, mas ainda não estava pronto para abrir mão de seus programas.

– Tudo isso são apenas suposições. Precisamos de dados concretos, dados estatisticamente significativos, para avaliar tudo isso.

– Concordo que os números são valiosos – disse Jordan. – Ninguém gosta deles mais do que eu. Minha vida inteira fiquei imersa neles. Mas ouvir diretamente os clientes tem a mesma importância, principalmente no começo. "*Small data* antes do *big data*", dizemos. Isso até me ajudou a encontrar a resposta para outra grande charada que eu não conseguia tirar da cabeça.

– Qual, Jordan? – perguntou Cate.

– Para onde foi o Prefeito!

– É sério isso? Proponho que a gente passe à próxima etapa do trabalho – disse Rob. – Ficar especulando por que o Prefeito foi embora e aonde ele foi não ajuda em nada a esta altura.

– Não precisamos especular – disse Jordan. – Podemos ouvir as palavras do Prefeito em primeira mão: ele está aí fora.

Jordan foi até a porta lateral e abriu-a.

– Quero apresentá-los a Ed Amato, também conhecido como O Prefeito. Ed, pode entrar.

21

O PREFEITO

Ed parecia intimidado ao entrar, mas se animou quando metade da sala se levantou para abraçá-lo, como em um reencontro carinhoso e ampliado. Ele tinha lágrimas nos olhos quando Cate lhe deu o abraço mais longo de todos.

– Ed, que maravilha ver você depois de tanto tempo! – disse Cate. – Jordan, como foi que você o encontrou?

Todo mundo se reacomodou nas cadeiras, com Ed na cabeceira, enquanto Jordan explicava:

– Quando me dei conta de toda a importância dos baristas, pensei comigo mesma: "Em que outro lugar Ed contrataria essa mesma experiência?" Eu me lembrei, então, do *coach* de Barb, Liam, que tinha visto Ed no evento da torcida de futebol New England Ultras e chegou a ser o técnico dele em uma partida amadora. Na ocasião, eu não achei que o ambiente dos Ultras pudesse ser um concorrente para o Tazza: era tão diferente que não podia nunca ter apelo para os nossos clientes fiéis. Mas essa era uma pista que nós tínhamos bem na nossa frente! Ed havia desaparecido tão completamente que, *onde quer* que ele estivesse, *não podia* haver muita sobreposição entre sua nova turma e a antiga. Ele simplesmente tinha que estar "contratando" algo completamente diferente.

– Se esse é o caso, como é que poderia interessar a Ed? – perguntou Massimo.

– Não interessava, não de todo. Era barulhento, era agitado e nem de longe apropriado às conversas ao pé do ouvido que Ed tanto ama. Mas aquele time amador tinha algo tremendo, que importava acima de tudo a Ed e que ele tinha perdido no Tazza: alguém que se importava com a vida dele, investia tempo nela e se esforçava para construir uma comunidade de pessoas que olhem umas pelas outras. Afinal, um time é isso, não é? Isso tornava secundários os aspectos que não eram tão incríveis. Resolvi ir a um jogo em uma tarde de sábado, procurei o setor da torcida... e lá estava Ed!

Jordan virou-se para Ed.

– Ele concordou gentilmente em vir hoje. E é ele mesmo quem deve contar a sua história.

Ed hesitou, mas não tardou a fazer jus à sua reputação de falante:

– Obrigado, Jordan. Caramba... estou até intimidado. Que reencontro simpático com vocês. Estou me dando conta de como sentia falta de vocês. É simplesmente maravilhoso poder vê-los de novo.

Depois de uma pausa muito breve, Ed prosseguiu:

– Acho que primeiro preciso pedir desculpas por ter sumido do jeito que sumi. Pensei em passar para dizer oi várias vezes, mas me sentia culpado de ter ido embora, e a gente fica tão ocupado que eu nunca arrumava tempo. Além disso, as caras do Tazza mudaram tanto que eu achava que não ia mais conhecer ninguém por lá.

– *Por que* você foi embora, Ed? – perguntou James.

– Bem... vocês sabem que eu amo o Tazza. Sempre amei. Foi como uma casa para mim por muitos anos e eu não conseguia imaginar a vida sem ele. Aí as coisas começaram a mudar; coisas pequenas, no começo. Decoração nova, comida nova, bebidas novas: nada muito importante, mas, de alguma forma, começou a ficar menos aconchegante e mais comercial. Só que aí o público começou a mudar também. Não me levem a mal; fico feliz quando o Tazza consegue mais clientes. Mas o público novo parecia menos interessado em bater papo e mais preocupado apenas com o próprio celular ou computador. Ou estava trabalhando, ou fazendo reuniões. Um cara chegou a se irritar comigo quando tentei puxar conversa com ele no balcão. Ele me disse para dar o fora e cuidar da minha vida.

Ed lançou um olhar para James e então continuou seu relato:

– Aí os baristas começaram a mudar também. São todos meninos muito legais, é claro... desculpem-me, eu chamo de "menino" todo mundo abaixo de 50... mas pareciam mais formais, não tão interessados em papear com o restante do pessoal. E puseram uma sala de reunião bem onde eu via futebol! Acho que, quando James saiu, senti que era hora de mudar. Meu médico andava me dizendo para levantar do sofá e começar a me mexer um pouco mais. Aí liguei para um velho amigo que era sócio dessa torcida organizada. Ele me apresentou ao treinador e ao clube aonde eles vão antes e depois dos jogos. De certa forma, isso me deu aquilo que o velho Tazza dava: uma comunidade, um treinador que parecia se importar comigo e me atender, e até a sensação de fazer parte de uma equipe. Devo dizer, porém, que não é nem de longe o que a gente tinha no Tazza. Para começo de conversa, o café é horrível. Horrível mesmo! Depois, para mim é meio difícil ir até lá: não basta só descer a rua, é preciso pegar o trem para fora da cidade. E, com o devido respeito ao meu médico, eu gosto de sentar o traseiro e bater papo com as pessoas! Mais do que tudo, sinto falta de vocês. Principalmente de você, Cate, e de você, James. Quando Jordan veio falar comigo no domingo e disse que eu poderia rever todos vocês hoje, não perdi a oportunidade.

– Que bom que não perdeu – disse Cate. – Não só é maravilhoso vê-lo, mas você nos ajudou a enxergar como nos desviamos daquilo que sempre foi o cerne da nossa identidade, e do nosso êxito, por tanto tempo. O negócio do Tazza sempre foi ajudar as pessoas a se conectar e criar comunidades. Tenho o compromisso de voltarmos a ser assim, quaisquer que sejam as consequências. Isso é o que nós somos.

Para surpresa geral, Henry Durant levantou-se e pediu a palavra:

– Ed, é um prazer conhecê-lo. E obrigado por compartilhar sua história. Cate, está claro que sua empresa tem uma conexão profunda com os clientes. Meu conselho à equipe é valorizar isso. Nós, banqueiros, temos má reputação, mas na minha empresa também valorizamos o cliente, e isso significa fazer todo o possível para ajudá-lo a realizar seus sonhos. No seu caso, ajudá-lo a crescer e criar algo que possa tocar a vida de muito mais gente. Pessoal, acho que vi o suficiente. Boa sorte com o restante do encontro. Estou ansioso por um IPO bem-sucedido!

Dito isso, Henry Durant deixou a sala. Todos ficaram empolgados. Todos menos Rob, que parecia derrotado. Cate percebeu isso de imediato e interveio com seu tato costumeiro:

– Parabéns a todos! Vamos trabalhar e focar em seguir adiante. Rob, ainda precisamos debater todas essas novas iniciativas de crescimento. Consigo enxergar várias maneiras de aproveitar as grandes possibilidades que você criou. Esse vai ser nosso trabalho esta tarde. Por ora, vamos fazer uma pausa para o almoço.

Enquanto o grupo se dispersava, Kelly e Massimo se aproximaram de Jordan para parabenizá-la.

– Trabalho extraordinário, Jordan – disse Kelly. – Claramente você deixou uma excelente impressão tanto em Cate quanto em Henry... e em mim. Quem teria imaginado que a chave para garantir nosso IPO seria uma gênia da informática de 23 anos?

Jordan ficou radiante com esse elogio e Massimo acrescentou:

– Sabe como dizem na minha terra? *La barba non fa il filosofo.* "A barba não faz o filósofo." Bom trabalho, minha amiga!

EPÍLOGO

SEIS MESES DEPOIS

— De volta aonde tudo começou – disse Alex a Cate quando os dois se sentaram ao balcão do Tazza do North End.

O lugar estava mais movimentado do que nunca, mas Alex notou algumas mudanças em relação à sua visita anterior. O que antes era uma sala de reunião vazia agora estava cheio de gente grudada em uma reinstalada fileira de TVs *widescreen*. Uma forte gritaria veio do recinto e Alex reparou nos berros entusiasmados em italiano para a tela. O Prefeito, aparentemente, estava de volta, bem como suas tão queridas partidas de futebol.

— Sim – concordou Cate. – Onde tudo começou *mesmo*. Estávamos tentando voltar àquilo que tornou o Tazza tão especial bem no comecinho.

— Como você conseguiu isso? – perguntou Alex. – Além de ter feito Ed voltar às partidas de futebol.

Cate deu uma risada.

— É verdade que parte da solução foi simplesmente trazer de volta parte dos itens de experiência que tínhamos perdido, como as partidas de Ed... e o próprio Ed, é claro! E colocamos James de volta para cuidar do treinamento dos baristas. O IPO foi um sucesso e nos deu os recursos para investir em um pacote de novos programas que nos ajudaram a solucionar melhor os trabalhos-chave dos nossos clientes. Por exemplo, o trabalho "conhecer pessoas novas" fazia sentido para nós. Por isso, transformamos nosso programa de parceria corporativa em algo chamado de Tazza Social Club. O foco não é mais o networking empresarial, e sim a organização de eventos de confraternização em nossos cafés. Está sendo um sucesso com os clientes corporativos porque ajuda os empregados novos de um setor a conhecer os demais e se sentirem conectados à comunidade local.

– Excelente – comentou Alex. – E totalmente alinhado com o foco em seu mercado principal.

– Com certeza. Curiosamente, muitas das habilidades que adquirimos com nossas iniciativas de crescimento anteriores acabaram se revelando úteis, como as do programa de parcerias com empresas. Só que antes nós estávamos focando nos trabalhos errados. Até o Clube dos Conhecedores se mostrou útil: é a lista natural de pessoas a quem propor o Social Club e outros programas.

– Isso me faz lembrar... o que aconteceu com Rob?

– Ele ficou por alguns meses após a imersão e depois decidiu voltar para a mesma empresa de bebidas da qual tinha vindo. Soube que tem ido bem. Ele é um cara legal. Tem muitas qualidades, mas faltava uma dose de originalidade em sua forma de pensar. E, como eu disse, as habilidades que ele ajudou a desenvolver ainda têm valor para nós.

– Sim, estou vendo – disse Alex. – Aquilo tudo não era nem bom nem ruim em si: só precisava estar apontado para a direção certa.

Cate assentiu.

– Outra coisa legal que surgiu da sua pesquisa, ideia de Jordan, foi que lançamos a ideia do "aluguel de mesa" para sócios. É para aquelas pessoas que só querem passar um tempinho aqui, sem se sentirem culpadas ou obrigadas a comprar comida ou bebida que não vão tomar. Elas podem fazer uma assinatura de sócio e ganham benefícios, entre eles a possibilidade de reservar mesas específicas. Estudantes e jogadores de tabuleiro adoram, é claro. E, surpreendentemente, no fim acabam consumindo mais nas lojas! Achamos que é porque eles acabam passando ainda mais tempo aqui. Também preservamos uma parte do programa original de parcerias com empresas, mas mudamos de parceiros genéricos para empresas que compartilham nossos valores de construção de comunidade. A Liga de Futebol da Nova Inglaterra, por exemplo. Eles mandam um monte de gente aqui e agora fazemos o bufê dos eventos e fornecemos café para eles. Achamos até um jeito de trabalhar com o Office Oasis para resolver o problema do café deles. Outra ótima ideia de Jordan.

Como se estivesse esperando a deixa, Jordan aproximou-se do balcão e juntou-se a eles.

– Jordan! – chamou Cate. – Que bom ver você! Como anda o novo emprego?

– Ah, oi, Cate, está uma maravilha! Já estou liderando duas novas investigações de mercado. Dê uma olhada no meu novo cartão.

O cartão dizia "Jordan Sims, Detetive de Mercado" logo abaixo do logotipo da empresa de Alex.

– Parabéns, Jordan. E para você também, Alex. Ainda não acredito que você a roubou de mim.

– Nem eu – concordou Alex. – Mas a sorte é minha. Ela já fez uma série de inovações em nosso método. E diz que vai levar nossa agência de detetives de mercado para a era moderna.

– É verdade – disse Jordan. – Os algoritmos de mineração de dados direcionados que estou desenvolvendo vão tornar tudo mais eficiente. Consegui conectá-los às ferramentas que criei para colher o *small data* das nossas investigações de mercado. Acho que isso vai acelerar de verdade o novo caso em que estamos trabalhando. Sabe, o que eu batizei de "O caso da panelinha do chá da Califórnia"?

– Você leva mesmo jeito para dar nomes às coisas, Jordan – disse Cate. – Bem, vamos brindar! Como diria Massimo, *Chi ha amico, è rico*. "Quem tem amigos tem tudo."

Os três riram e olharam para o horizonte, onde um veleiro solitário avançava firme, impulsionado pelo vento forte. Fizeram um brinde com suas xícaras de café, em comemoração às águas tranquilas por onde iriam navegar.

PARTE 2

Como se tornar um detetive de mercado

A história de como Jordan, Alex e Cate resolveram o mistério dos clientes desaparecidos do Tazza ilustra um poderoso conjunto de técnicas que podem ser aplicadas a uma ampla variedade de investigações de mercado do mundo real. Agora vou sair da história do Tazza e explicar como.

Começo focando no mais fundamental – e, no meu entender, o mais importante – tipo de interação com o cliente: a conversa direta entre duas pessoas. Muitas vezes, essa é a fonte individual mais valiosa e eficiente de *insights*, e aquela que qualquer um pode (e deve!) aprender a usar. Também acho que essa é a "unidade atômica" das técnicas de compreensão do cliente: se você dominar a linguagem, o método e a mentalidade necessários, passará a dispor de uma base sólida para muitas outras técnicas. Entre elas estão abordagens tradicionais, como entrevistas em profundidade, grupos focais, pesquisas e observações, assim como métodos mais recentes, inspirados pelo *big data*.

Embora a história do Tazza gire em torno de um dos mistérios de mercado mais recorrentes, o valor de conversar com seres humanos reais, ao vivo, estende-se a qualquer tipo de mistério de mercado que surja. Entre eles estão:

- *Desafios de inovação*, como formas de atender melhor os atuais clientes, atrair novos ou criar produtos e serviços inteiramente novos.
- *Desafios estratégicos*, como mercados novos e atraentes a serem buscados, novos negócios a serem criados ou reações a um ambiente em rápida transformação.
- *Desafios de marketing*, como criar mensagens que atinjam o alvo de verdade ou encontrar formas eficazes de segmentar mercados.
- *Desafios organizacionais*, como alinhar uma organização em torno de um propósito comum, inspirar sua equipe ou comunicar sua missão ao mundo exterior.

No fim das contas, são habilidades que podem ajudar organizações inteiras a transformar a linguagem centrada no cliente em realidade. Pense no valor de *todos* em sua organização serem empoderados para ter conversas inspiradoras, mutuamente recompensadoras com os clientes que atendem – sejam internos ou externos. Que diferença isso faria? Para a maioria das organizações, seria um grande passo rumo à realização da aspiração de colocar o cliente no centro de tudo que elas fazem.

Assim, sem mais delongas, vamos mergulhar fundo.

(Para mais informações sobre como aplicar as ideias deste livro nos mais variados mistérios de mercado, visite o site www.marketdetective.com – conteúdo em inglês.)

Como entender o cliente: os fundamentos

Imagine que você tenha decidido conversar com uma pessoa totalmente desconhecida a fim de compreender, em profundidade, as aspirações e os desafios dela em algum aspecto de sua vida. O motivo é nobre: você deseja encontrar formas de ajudar.

Como você faria isso?

Uma reflexão rápida suscita várias perguntas: O que dizer em primeiro lugar? Supondo que a pessoa queira falar com você, que perguntas você faria? Como orientar a conversa de modo a descobrir algo útil? Como você registraria e interpretaria seu aprendizado a fim de inspirar formas de ajudar aquela pessoa? E, o que é importante, como você faria tudo isso com empatia e franqueza, dando a ambos a sensação de um tempo bem aproveitado?

Comandar essas conversas de forma confiante, no sentido de um desfecho produtivo e mutuamente satisfatório, exige que o aspirante a detetive de mercado aprenda três coisas:

- uma *linguagem* que defina que informações você está buscando;
- um *método* para descobrir, organizar e interpretar essas informações;
- uma *mentalidade* que maximize suas chances de realizar isso.

Como a linguagem é a base para os outros tópicos, começarei por ela.

A linguagem centrada no cliente

Todo ofício tem uma linguagem própria, que seus praticantes falam e compreendem. Médicos falam de condições agudas e crônicas, pacientes hospitalares e ambulatoriais, morbidades e comorbidades, e assim por diante. Advogados discorrem sobre direito civil e direito criminal, liminares, contestações e uma série de outros termos nebulosos para os leigos. Contadores se expressam em passivos, ativos, fluxos de caixa, balancetes e declarações de renda. Cada linguagem possui o próprio vocabulário especializado, além de regras que determinam a relação entre as palavras.

O mesmo ocorre com o ofício de detetive de mercado. No entanto, ao contrário do caso de médicos, advogados ou contadores, não existe uma linguagem padrão, amplamente acessível, que sirva de guia para as interações com o cliente. O que existe costuma ser da competência de especialistas altamente treinados ou, no extremo oposto, vago e ambíguo demais para ter utilidade. Um problema ainda maior é que várias abordagens existentes levam os investigadores a fazer as perguntas erradas, gerando enorme quantidade de dados e análises sobre coisas que talvez nem tenham relevância.

O necessário é uma linguagem que nos oriente a *fazer as perguntas certas*, que levem aos *tipos certos de* insight com *o nível correto de detalhamento*. As questões certas são aquelas que nos ajudam a descobrir o que de fato importa para o cliente: os problemas que mais querem resolver, as metas que mais desejam atingir, os trabalhos que mais almejam realizar. Identificar esses trabalhos é básico, pois eles são a causa profunda que explica *por que* o cliente decide e se comporta como tal. Tendo descoberto esses trabalhos, nossas perguntas a partir daí precisam nos ajudar a entendê-los com riqueza de detalhes suficiente para criar produtos, serviços e experiências que os resolvam perfeitamente. Todas essas exigências são atendidas pela linguagem que descreverei aqui.

Para apresentá-la, vou esmiuçar um exemplo extraído da história do Tazza: o de Amelia, a jovem sentada em um café depois da aula, estudando. Imagine que você está no papel de Jordan ou de Alex, a serviço do Tazza para compreender melhor seus clientes. O que você quer saber de Amelia? A resposta a essa pergunta compõe o vocabulário da nossa linguagem.

Em primeiro lugar, você precisa saber em que *circunstâncias* ela está. As "circunstâncias" são o contexto relevante para a vida de alguém, que você busca compreender em uma investigação de mercado. Podem se caracterizar por uma série de fatores, alguns relativamente restritos (como onde a pessoa se encontra ou o que está fazendo) e outros mais amplos e duradouros (como situação familiar ou valores pessoais). Eis algumas categorias úteis de circunstâncias a explorar e como elas poderiam ser no caso de Amelia:

- *Circunstâncias situacionais*: os fatores que definem onde alguém se encontra no tempo e no espaço, respondendo a perguntas como: onde a pessoa se encontra, quando ela vai até esse local, com quem e o que faz ali. Em alguns casos, as respostas se limitarão a duração e localização relativamente restritas. Isso vale para o caso de Amelia, em que o que mais nos interessa é sua circunstância situacional "no café, no fim da manhã, depois da aula, sozinha". No entanto, dependendo do seu interesse, pode ser melhor caracterizar as circunstâncias de alguém em um período mais longo da vida ou em uma região geográfica maior.
- *Circunstâncias demográficas*: variáveis como situação familiar, condição financeira, estágio de vida, situação residencial e assim por diante. No caso de Amelia, podemos enumerar pontos como "pouco mais de 20 anos, solteira, divide apartamento com colegas, estudante".
- *Circunstâncias identitárias*: fatores como valores, atitudes, crenças e associações. No caso de Amelia, isso poderia incluir questões como "conectada à família, decidida a cumprir metas, dedicada aos estudos".

- *Circunstâncias individuais:* variáveis que definem quem é o *foco primordial* da conversa. Na maioria das vezes, é a própria pessoa com quem você está falando. Mas pode ser alguém por quem o entrevistado tenha responsabilidade – por exemplo, o filho de um homem que você está entrevistando ou os pais idosos de um adulto. No caso de Amelia é simples, pois estamos interessados apenas em entender a própria Amelia.

O conceito de "circunstâncias" desempenha dois importantes papéis. Primeiro, ajuda a definir limites em torno de um microcosmo da vida do cliente; sem esses limites, o esforço fica tão vago que é improvável que resulte em algo útil. Essas fronteiras definem o *campo de visão* no qual você focará sua lupa de investigação do mercado. Até que ponto esse campo de visão será amplo ou restrito dependerá do tipo de problema – ou mistério – que você estiver tentando resolver. Por exemplo, as fronteiras podem ser bastante restritas (lupa bem perto) e focadas em uma diminuta fatia da vida de alguém – por exemplo, o tempo gasto na fila do supermercado. Ou as fronteiras podem ser amplas (lupa bem afastada) e focadas em um período mais longo – por exemplo, o tempo que a pessoa leva para comprar uma casa, medido em meses ou anos. Nesse último caso, a interação específica do cliente que estamos analisando pode ser apenas uma de várias a serem exploradas em uma "jornada do cliente" mais prolongada.

Em segundo lugar, uma visão clara das circunstâncias relevantes é essencial para uma compreensão plena das *outras* coisas que gostaríamos de saber sobre um cliente, já que todas elas são *relativas* à circunstância em que ele se encontra. No caso de Amelia, estamos primordialmente interessados nos trabalhos que ela está tentando executar dentro da circunstância relativamente estreita "no café depois da aula". No entanto, mesmo dentro desse contexto existem fatores mais amplos – como o momento atual da vida dela e o tipo de pessoa que ela é – que influenciam como ela avalia soluções potenciais para seus trabalhos.

Esse é um bom gancho para o item seguinte que gostaríamos de saber a respeito de Amelia: *os trabalhos que ela quer executar*. Segundo elemento da linguagem, um trabalho pode ser um *problema* que se quer resolver ou uma *meta* que se tenta alcançar. Nos dois casos, os trabalhos representam a motivação e a energia de que o cliente necessita para explorar soluções em potencial, optar por algumas delas e rejeitar outras. No caso das circunstâncias, existem várias categorias úteis de trabalhos a serem explorados:

- *Trabalhos funcionais*: metas práticas a serem atingidas ou problemas a serem resolvidos. No caso de Amelia, entre eles estão "estudar", "ingressar na residência médica" e "me manter alerta e com energia".
- *Trabalhos emocionais*: estados emocionais que você quer vivenciar ou evitar (estados emocionais positivos a serem atingidos ou negativos a serem evitados ou superados). Entre os trabalhos emocionais de Amelia podem estar "reduzir o estresse das aulas difíceis" ou "me sentir otimista em relação ao futuro".
- *Trabalhos sociais*: como você quer ser visto ou se envolver com os outros. No caso de Amelia, entre eles podem estar "me manter conectada à minha família", "passar um tempo com meus amigos" ou "conhecer gente nova".

Uma vez mais, dá para ver a inter-relação entre os elementos da nossa linguagem. Os trabalhos a serem executados são sempre *relativos* a uma circunstância específica – e em geral há todo um "pacote" de trabalhos que a pessoa está tentando solucionar simultaneamente para aquela circunstância. No caso de Amelia, o trabalho principal é "estudar", mas descobrimos que ela também quer "continuar conectada com a família" ao sentar-se no café. Seu objetivo, em uma investigação de mercado, é não apenas descobrir trabalhos individuais, mas compreender os pacotes que os clientes estão experimentando simultaneamente para resolver determinada circunstância. Essa é uma forma de captar detalhes suficientes para criar experiências inovadoras e com nuances, ricas em características relevantes de verdade.

Isso nos leva aos temas seguintes de interesse em relação a Amelia: *o que ela está "contratando" atualmente (se é que está) para realizar esses trabalhos e como ela avalia a qualidade de situações potenciais.* Expandindo a metáfora dos trabalhos, podemos dizer que as pessoas "contratam" produtos ou serviços para desempenhar trabalhos em suas vidas – da mesma forma que você pode contratar uma pessoa para um serviço como tomar conta de seus filhos ou consertar o encanamento. Compreender o que está sendo "contratado" hoje – e por quê – é informação essencial quando você está em busca de formas de servir melhor o cliente. É claro que, se atualmente ele não está "contratando" nada, isso também é algo importante de saber.

Amelia claramente "contrata" o Tazza para resolver vários dos trabalhos enumerados aqui. No entanto, descobrimos que existem outras coisas que ela "contratou" para esses trabalhos. Por exemplo, para o trabalho "estudar" às vezes ela contrata a biblioteca, o alojamento ou um cantinho silencioso do campus. Para o trabalho "conhecer gente nova" (para o qual o Tazza não é uma grande solução), às vezes ela contrata um bar, um show ou uma boate.

Isso ilustra quão potente a lupa dos trabalhos pode ser para revelar quem é seu verdadeiro concorrente em um mercado – e às vezes ele não tem nada a ver com a sua organização ou com aquilo que ela vende atualmente. Por exemplo, poderíamos achar que a concorrência para as compras de café Tazza de Amelia se limitassem a outros cafés ou talvez outras formas de conseguir a bebida, como prepará-la por conta própria no alojamento ou ir até a cantina do campus. Porém, entendidos os trabalhos para os quais ela "contrata" o Tazza, fica bastante claro que a concorrência real inclui soluções que não têm nada a ver com vender ou consumir café.

As soluções atuais e a avaliação que o cliente faz de sua qualidade têm uma relação estreita; explorando qualquer uma delas, você normalmente aprenderá muito sobre a outra. Ao fazer isso, o ideal é determinar como o *cliente* define uma solução de qualidade – e não como você ou sua empresa a definiriam. Isso é tão importante que vale repetir: o que importa é a definição de alta qualidade do cliente, e não a sua. O mundo está cheio de inovações que oferecem características e benefícios que empolgam seus *criadores*, mas que os *clientes* ignoram ou rejeitam. A maneira de evitar isso é compreender o que realmente importa do ponto de vista do cliente, inclusive os itens listados a seguir:

- *Critérios usados para avaliar "candidatos ao emprego"*: em geral, aplicamos uma série de critérios para avaliar a adequação de soluções em potencial para um trabalho. O custo é quase sempre um deles, mas em geral há outros, como conveniência, facilidade de uso ou facilidade de integração com uma rotina atual. No caso de Amelia, a proximidade do Tazza do local de sua aula de química orgânica do final da manhã era uma importante razão para sua escolha. Outros critérios serão muito específicos do trabalho e da circunstância de interesse. Por exemplo, Amelia dá valor ao ruído de fundo, que a ajuda a se concentrar, e ao relativo anonimato, que evita interrupções.
- *O que significa "bom", "ruim" ou "ótimo" para cada um desses critérios*: além dos critérios propriamente ditos, o

ideal é compreender que nível de performance corresponde a uma solução ótima, boa ou ruim. Pegue a questão do "ruído de fundo" para Amelia: supostamente, se fosse alto demais, seria impossível concentrar-se e tão ruim para ela quanto um ruído baixo demais. Existe um nível ideal que ela busca nessa dimensão.

- *Barganhas que o cliente quer (ou está disposto a) fazer*: como nem sempre dá para ter o "ótimo" em cada dimensão relevante, é importante compreender que concessões o cliente está disposto a fazer – por exemplo, quanto está disposto a pagar a mais por uma melhoria de performance em outros critérios de avaliação.
- *Características essenciais da experiência*: embora o cliente nem sempre seja capaz de dizer exatamente o que deseja em uma experiência (descobrir isso é sua missão!), ele muitas vezes compartilha ideias específicas sobre o que gostaria de ver incluído nela. Por exemplo, embora Amelia estivesse bastante satisfeita com sua experiência geral no Tazza, ela comentou seu desejo de haver tomadas adicionais para carregar seu notebook e de aumentar o número de mesas do estabelecimento às quais ela poderia se sentar para estudar.

Por fim, há mais uma coisa que gostaríamos de compreender a respeito de Amelia: *os cartazes de "procura-se"*. Eles são indicadores de que, quaisquer que sejam as soluções disponíveis, ainda há oportunidades de criar e propiciar outras, melhores. Também proporcionam uma enorme quantidade de informações sobre *como* fazer isso. Os cartazes de procura-se se manifestam em quatro situações:

1. *Quando não há solução existente*: pode ser que simplesmente não haja solução, em lugar algum, para a realização

do trabalho. Nesse caso, a existência desses trabalhos importantes e não satisfeitos é o cartaz de "procura-se".
2. *Existem soluções, mas há obstáculos que precisam ser removidos*: pode ser que existam soluções para o trabalho, mas alguma barreira impede que o cliente as "contrate". Por exemplo, podem ser soluções caras demais (barreira de renda), inacessíveis fisicamente (barreira de acesso) ou complexas demais para usar (barreira de habilidade). Neste caso, os cartazes de "procura-se" são essas barreiras.
3. *Existem soluções, mas são de baixa qualidade*: são soluções ruins *em relação à definição de qualidade do cliente*. Isso pode significar que as soluções existentes têm um desempenho ruim em algum aspecto individual da qualidade (por exemplo, sendo caras demais) ou que a solução não é um bom negócio em diversas dimensões (por exemplo, pagar mais por um produto gera uma performance superior, mas você não considera que esse custo a mais compense). Nesse caso, o cartaz de "procura-se" é o descompasso entre como o cliente define "qualidade" e a efetiva qualidade da solução.
4. *Existem soluções de alta qualidade*: esse cartaz de "procura-se" pode, à primeira vista, parecer ilógico: se existem ótimas soluções, por que o cliente iria querer algo diferente? Você precisa levar em conta que a satisfação com uma solução existente pode ser uma espécie de visão bitolada ou *incapacidade de imaginar como as coisas poderiam ser melhores*. Identificar esse tipo de cartaz de "procura-se" pode ser mais difícil do que em outros casos, porque muitas vezes o cliente não consegue lhe explicar como algo pode ser melhorado. Mas existem técnicas eficazes para revelar esse tipo de informação, e o esforço para descobri-la vale muito a pena.

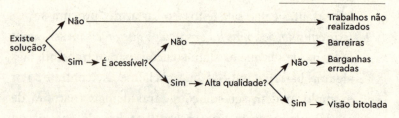

E essa é a linguagem completa de que você necessita para orientar investigações de mercado. Recapitulando, o vocabulário dessa linguagem define a informação que você está buscando. Tendo descoberto essa informação e compreendido a interação entre os diversos elementos (entre os quais como a circunstância específica de um cliente influencia o significado de *qualidade* para resolver determinado trabalho), você terá a base para desvendar um amplo leque de mistérios de mercado.

Antes de seguir, vale a pena comentar como isso se aplica quando o cliente que você está tentando compreender não é uma pessoa, mas uma organização ou um cliente B2B (*business-to-business*). Esses são, por definição, compostos por *muitas* pessoas, então poderíamos supor que conversas individuais não sejam tão relevantes. Na verdade, conversas com indivíduos que compõem um cliente B2B são essenciais para entender os trabalhos que a *organização* está tentando realizar (afinal de contas, você não vai conversar com um prédio – pelo menos eu espero que não...). No entanto, existem algumas especificidades a serem levadas em conta:

- Quando um cliente B2B decide "contratar" um produto ou serviço para executar um trabalho, costuma ocorrer o envolvimento de várias pessoas naquilo que chamamos de *sistema de tomada de decisões*. Em consequência, você terá que identificar todos os indivíduos que compõem esse

sistema, compreender o papel de cada um no processo de tomada de decisões e usar essas informações para decidir com quem quer falar.
- Para cada um desses indivíduos dentro da organização B2B, existem *dois tipos de trabalho* que convém compreender:
  - *Trabalhos funcionais*: são aqueles que a pessoa exerce *em nome da organização, em função do papel que desempenha nela*. Por exemplo, um CEO pode ter trabalhos como "criar uma equipe de liderança de alta performance", "desenvolver uma estratégia vencedora" ou "comunicar a estratégia externamente". Uma pessoa que trabalha no setor de RH pode ter trabalhos como "atrair excelentes pessoas para trabalhar aqui" ou "reter as ótimas pessoas que já temos".
  - *Trabalhos pessoais*: são aqueles relacionados a metas e desafios pessoais. Por exemplo, esse mesmo CEO pode ter como trabalhos pessoais "deixar um legado", "convencer a diretoria de que estou tendo um ótimo desempenho" ou "agir com firmeza e confiança diante das rápidas transformações do setor". O funcionário de RH pode ter trabalhos pessoais como "progredir na carreira", "desenvolver minhas habilidades de liderança" ou "melhorar o equilíbrio entre vida pessoal e profissional".

Por conta disso, com clientes B2B o trabalho do detetive de mercado exige o passo adicional de compreender a natureza do sistema de tomada de decisões e a complexidade extra de entender tanto os trabalhos funcionais quanto os pessoais dos indivíduos dentro desse sistema. No entanto, tendo compreendido essas distinções, fica bem mais fácil aplicar todos os elementos da nossa linguagem.

Para ilustrar, vamos imaginar que o cliente em questão seja a empresa Tazza e estejamos tentando entender as aspirações e os desafios da organização em si. Como nossa linguagem se aplica a esse caso?

Vamos começar descrevendo as circunstâncias do Tazza e examinando cada um dos quatro tipos de circunstância apresentados anteriormente.

- *Situacionais*: para um cliente B2B, as variáveis relacionadas a tempo e lugar continuam sendo relevantes para definir o campo de visão da investigação de mercado. No caso do Tazza, poderíamos especificar a janela de tempo relevante como sendo as poucas semanas antecedendo o IPO. Ou talvez possamos expandi-la para os seis meses seguintes, dependendo do que nos interessa. O "lugar" provavelmente seria o conjunto atual de filiais na região Nordeste dos Estados Unidos. A variável "ocorrências simultâneas" certamente poderia incluir os acontecimentos relevantes em andamento, como o próprio IPO.
- *Demográficas*: os clientes B2B têm a própria versão de descritores demográficos, análoga à dos clientes individuais. Por exemplo, as empresas podem ser caracterizadas por estágio da vida e status financeiro, do mesmo jeito que as pessoas – e são fatores altamente relevantes para os trabalhos que estão tentando executar. O Tazza está no estágio que é o ponto de inflexão entre uma empresa regional de alto crescimento e uma rede nacional. Outros estágios das B2B podem ser "startup", "pequena empresa", "média empresa" ou "corporação global da Fortune 500". Da mesma forma, assim como o status financeiro de uma pessoa pode ser definido de acordo com suas economias, dívidas, seus investimentos para a aposentadoria, a necessidade mensal

de fluxo de caixa e assim por diante, esses mesmos fatores são relevantes para definir o status financeiro de uma empresa. No caso do Tazza, poderíamos descrever seu status financeiro como "fluxo de caixa saudável, mas com vendas estagnando e capital insuficiente para financiar uma expansão nacional".
- *Identitárias*: assim como um indivíduo pode descrever valores, atitudes, crenças e associações que compõem sua identidade, as organizações possuem valores, cultura e associações que as definem. No caso do Tazza, entre esses valores podem estar "importar-se com os clientes como indivíduos" e "um senso de propósito relacionado à criação e ao fortalecimento de comunidades vibrantes".
- *Individuais*: por fim, você pode estar interessado em compreender a organização em si ou algum outro grupo pelo qual tenha responsabilidade ou em que atue. Exemplos desse último caso podem ser os empregados, os cidadãos da comunidade onde ela fica, seus clientes ou seus acionistas.

Isso tudo cobre as circunstâncias. E quanto aos trabalhos que o Tazza está tentando realizar? Alguns exemplos hipotéticos:

- *Trabalhos funcionais*: muitas vezes, é o tipo de trabalho mais destacado para um cliente B2B. Entre os trabalhos relacionados ao cargo podem estar "levantar dinheiro para expansão", "reter clientes fiéis" ou "reverter vendas em queda", do ponto de vista da CEO, Cate Forrest, ou da CFO, Elena Alvarez; trabalhos pessoais podem ser "progredir na carreira", da perspectiva do diretor de marketing, Rob Butler, ou "desenvolver minhas habilidades e conhecimentos", do ponto de vista de Jordan.

- *Trabalhos emocionais*: para clientes B2B, trabalhos emocionais estão sempre relacionados aos indivíduos que fazem parte da organização. Pense nos trabalhos emocionais que Cate, a CEO do Tazza, pode ter. Ela quer, por exemplo, sentir confiança em que a empresa se expandirá em bases financeiras sólidas e reduzir a ansiedade em relação ao IPO iminente.
- *Trabalhos sociais*: estes podem estar relacionados a como a organização quer ser percebida pela comunidade (como "ser considerada um empregador responsável" ou "mostrar que nos importamos com o meio ambiente") ou podem ser de nível pessoal (como "provar meu valor a meus pares" ou "demonstrar que sou um líder competente").

Os demais elementos da nossa linguagem – incluindo o que está sendo "contratado" atualmente; qual a definição de qualidade; quais os cartazes de "procura-se" – aplicam-se de modo parecido: ao compreender os trabalhos funcionais e pessoais dos diversos interessados, você pode explorar as soluções hoje existentes para seus trabalhos, os critérios usados para avaliá-las e compará-las e oportunidades de melhoria.

O método de investigação de mercado

Agora que você dispõe de uma linguagem para descrever as informações que busca em relação ao cliente, vai necessitar de um método para reunir, organizar e interpretar essas informações.

A espinha dorsal do método que estou introduzindo aqui é uma série de quatro perguntas, em sequência lógica, às quais você voltará repetidamente. Elas organizam as informações buscadas (conforme definido pela "Linguagem" descrita há pouco) e funcionam tanto como bússola quanto como roteiro para muitas técnicas de investigação de mercado – acima de tudo, a entrevista individual com o cliente. Recapitulando, essas perguntas são:

1. Em que *circunstâncias* o cliente está?
2. Que *trabalhos* o cliente está tentando ver realizados (dentro dessas circunstâncias)?
3. O que o consumidor está *"contratando" atualmente* para realizar esses trabalhos e *por quê*?
4. Quais são os *cartazes de "procura-se"*?

O fluxo lógico dessas quatro perguntas pode ser representado de forma simples.

Circunstâncias → Trabalhos → Soluções atuais → Cartazes de "procura-se"

Ao responder a essas perguntas, você utilizará os demais elementos da linguagem, por exemplo, a forma como o cliente define qualidade; os diferentes tipos de circunstâncias (situacionais, demográficas, identitárias e individuais) ou trabalhos (funcionais, emocionais e sociais) e assim por diante. Para monitorar tudo isso, convém organizar as informações que você reunir naquilo que chamo de "descrição do trabalho". Vale a pena dedicar-se a registrar, já que isso vai formando uma espécie de roteiro mental das interações com o cliente, sejam elas entrevistas individuais ou outros tipos de interação, como grupos focais, pesquisas com questionários estruturados ou observação.

Eis a "descrição do trabalho" completa de Amelia, com base nas respostas dadas anteriormente nesta Parte 2 (e na história da Parte 1):

Descrição do trabalho para: Amelia

Perguntas	Descrição		
1. Em que **circunstâncias** você está? • Situacional • Demográfica • Identitária • Individual	**Lupa próxima:** • Fim da manhã OU • Depois da aula • Dias úteis • Sozinha	• Sábado à noite • Com os amigos	**Lupa afastada:** • Faculdade de Medicina • Preparação para residência • Solteira, mulher, família em outro estado • Crédito estudantil
2. Que **trabalhos** você está tentando realizar? • Funcionais • Emocionais • Sociais	• Estudar • Passar tempo com os amigos • Divertir-se • Sentir-se conectada à família • Conhecer gente nova		
3. O que você **está contratando** para realizar esses trabalhos e **por quê**? • Soluções atuais • Paliativos • Definição de "qualidade"	**Soluções** • Tazza • Biblioteca • Alojamento • Bar/boate/shows		**Definição de qualidade** • Sem distrações • "Ruído branco" de fundo • Espaço amplo/amplo o bastante para garantir o anonimato/sumir na multidão • Acesso a tomadas para carregar notebook • Perto do alojamento/faculdade
4. Quais são os **cartazes de "procura-se"**? • Trabalhos não satisfeitos • Barreiras • Barganhas • Visão bitolada	• Mais acesso a tomadas • Gente nova para conhecer • Música de melhor qualidade		

Observe que as quatro perguntas na descrição dos trabalhos *não são* as perguntas que você vai fazer *literalmente* ao cliente. Pode parecer óbvio, mas mesmo assim é importante que eu enfatize isso aqui. *Essas quatro perguntas são o guia para as informações que você busca; elas são independentes das técnicas específicas que você utiliza para respondê-las.* É por isso que elas são tão úteis – e fundamentais. Nas palavras de

Jordan: "As perguntas que você faz não são as mesmas a que você busca responder."

Mas então *como* você responde a elas? Para a conversa individual com o cliente de que estamos tratando aqui, existem três passos distintos:

1. *Imagine* o que você vai aprender, como forma de aguçar seu foco antes da conversa.
2. *Investigue* com perguntas e deixas que inspirem o entrevistado a compartilhar coisas que tenham relação com aquilo que você busca entender.
3. *Interprete* o que aprender, organizando e analisando de modo a revelar padrões e *insights* úteis.

Na prática, em geral você terá idas e vindas entre os passos 2 e 3. Você vai reunir informações, interpretá-las e usar os insights resultantes para orientar uma investigação adicional, seguida por interpretação adicional, e assim por diante. É por isso que eu retratei esses três passos usando a imagem da lupa do detetive – quando você circula entre os dois últimos passos que formam a lente, aquilo que busca vai gradualmente entrando em foco.

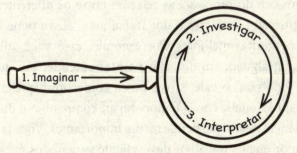

Vou discutir cada um desses três passos em mais detalhes.

O Passo 1, Imaginar, acontece antes da interação com o cliente ou cliente em potencial. O objetivo é pensar antecipadamente nas diferentes categorias de informação que você busca (felizmente organizadas pelo enquadramento da descrição dos trabalhos!) e imaginar o que você vai aprender. Na prática, isso significa preencher a descrição dos trabalhos para seu cliente *antes* de falar com ele, com seu *melhor palpite* do que vai aprender.

À primeira vista, pode parecer estranho fazer isso; afinal, reunir as informações para preencher a descrição dos trabalhos não é todo o objetivo de conversar com alguém? É, sim, mas você descobrirá que é mais provável que essas conversas sejam úteis se você imaginar com antecedência o que vai aprender. Por exemplo, será aguçada sua sensibilidade a algumas das pistas que surgem durante a conversa – aquelas relacionadas a suas hipóteses (ou palpites) atuais. Pense na perspectiva de Alex ao abordar Amelia. Àquela altura da história, ele tinha o benefício de sua conversa com Cate, durante a qual ele elaborou várias hipóteses a respeito dos trabalhos para os quais o Tazza era "contratado", entre elas, criar um senso de comunidade ou pertencer ao ambiente local. Seriam hipóteses naturais para testar durante a conversa com Amelia – que, no fim das contas, "contratava" o Tazza para realizar trabalhos bem diferentes.

Isso também vai forçá-lo a começar a analisar, nesse estágio ainda precoce do processo, as relações entre os diferentes tipos de informação na descrição dos trabalhos – e isso pode levá-lo a fazer perguntas melhores. Por exemplo, caso você saiba que vai abordar alguém em um café e tentar entender por que esse alguém "contrata" o café, talvez possa conjecturar que circunstâncias situacionais, como tempo, lugar, companhia e distância da residência, sejam particularmente importantes. Você também pode supor que os trabalhos desse cliente variem dos puramente funcionais, como "dar uma turbinada na energia" ou "tomar o café da manhã", aos sociais, como "passar tempo com os amigos" ou "conhecer gente nova". Essas hipóteses podem levá-lo a investigar ainda mais esses tipos de circunstância e trabalho para validar suas ideias ou compreendê-las com maior profundidade.

É claro que você também precisa tomar cuidado para não chegar à entrevista com convicção *demais* na exatidão de suas suposições. É preciso manter a mente aberta para a possibilidade de que elas estejam parcial ou completamente erradas. É um equilíbrio sutil, e na próxima seção voltarei ao assunto da mentalidade correta a assumir nessas conversas.

O Passo 2, Investigar, é onde acontece a maior parte da ação, já que você fará uma incursão no mundo real, falando com pessoas reais, a fim de obter *insights* relacionados ao problema em questão. Como aqui estou focado em *como* realizar essas conversas, vou supor que você já identificou um participante voluntário (muito já se escreveu, em outras obras, sobre como elaborar programas de pesquisa e identificar as pessoas certas com quem falar; para uma lista de recursos úteis, visite www.marketdetective.com, em inglês).

Um jeito simples de pensar nessas interações é como uma série de deixas, fornecidas por você, que inspirem seu interlocutor a revelar tudo aquilo que ele ou ela se sinta bem compartilhando a respeito dos assuntos de seu interesse. Esses temas, antes e acima de tudo, serão aqueles contidos na descrição dos trabalhos, que atende, portanto, ao duplo propósito de roteiro e checklist. À medida que a conversa avança, seu papel é ouvir com atenção e fazer perguntas estratégicas de acompanhamento para aprofundar a investigação ou obter esclarecimentos.

Talvez você suponha que essas interações precisam ser engendradas com exatidão ou que elas tenham uma formalidade rígida. Na prática, não é o caso; ótimas conversas tendem a seguir direções inesperadas, e muitas vezes essas tangentes se mostram as partes mais interessantes e valiosas. É por isso que é tão importante fazer a distinção entre as perguntas que você faz e as informações que você busca; desde que tenha uma visão clara destas, terá uma considerável flexibilidade na forma de obtê-las.

É claro que o *ideal* é que você possua um conjunto eficaz de deixas no seu kit de ferramentas do detetive de mercado. Incentivo-o a fazer experiências com muitas e atualizá-las à medida que aprende o que funciona melhor para você. Algumas ideias para começar:

- *Inicie pelas circunstâncias.* Busque *insights* tanto nas variáveis com "lupa próxima" quanto naquelas com "lupa afastada". Há coisas que talvez você possa observar diretamente, como a localização do cliente, a hora do dia, o que o cliente está fazendo ou até informações demográficas básicas. Para o restante, será preciso dar deixas para aprender mais. Um tipo de deixa extremamente útil é pedir às pessoas que contem histórias sobre diferentes áreas de suas vidas. Essas deixas podem ter foco bem restrito (por exemplo, pedindo a elas que contem como passam um dia normal ou mesmo parte do dia) ou incentivá-las a contar outros tipos de coisa, como descrever uma semana, um mês, um ano típico ou uma jornada associada a alguma experiência, como a compra de uma casa ou uma formação universitária. Vimos vários exemplos desse tipo de deixa na nossa história; por exemplo, quando Cate contou a história de como o Tazza começou. Histórias assim são uma rica fonte de *insights* e contexto, ajudando a criar uma relação e demonstrar seu interesse logo no início da conversa.
- *Pergunte "por quê", para revelar os verdadeiros trabalhos.* Ao ouvir essas histórias, você descobrirá muitas pistas sobre as motivações, os problemas e as metas das pessoas. Quando essas dicas surgem, a melhor deixa na sequência

é perguntar simplesmente "Por quê?". Perguntar por que – o tempo todo, se necessário – ajuda a chegar ao nível mais profundo de motivação subjacente: os trabalhos que o cliente quer realizar. Lembre-se de investigar não apenas os trabalhos funcionais, mas também os emocionais e os sociais. Vimos um exemplo disso quando Alex perguntou várias vezes "por que" a Cate, para descobrir as razões profundas por trás de sua decisão de ir para a Itália: sua busca por uma comunidade e por um lugar para chamar de lar.

- *Aprofunde-se nas soluções atuais.* Um dos temas mais ricos será sua exploração das soluções atuais e por que elas não estão dando conta adequadamente (ou por que estão) dos trabalhos do cliente. Se existe uma solução que o cliente está "contratando", você pode perguntar por que ele a escolheu, o que acha bom nela, o que não acha bom e o que pode melhorar. Também é útil investigar *o que mais* o cliente "contratou" para o mesmo trabalho e, da mesma forma, do que ele gosta, do que não gosta e o que pode melhorar. Indagar profundamente sobre esses temas – forçando o entrevistado a ser bastante preciso – levará a muitos e muitos *insights* sobre como o cliente define qualidade, como mensura isso e que barganhas está disposto a fazer para executar os trabalhos.

- *Faça experiências com cada tipo de cartaz de "procura-se".* Embora algumas pistas de cartazes de "procura-se" tenham alta probabilidade de surgir durante a investigação com as três primeiras perguntas da descrição de trabalhos, é útil reforçar essa pistas explorando de forma sistemática cada um dos quatro tipos de cartaz de "procura-se": soluções inexistentes, barreiras, barganhas insatisfatórias e visão bitolada. Costumo usá-las como um checklist ao qual recorrer mais para o fim da entrevista, para me certificar de ter abordado todas.

O Passo 3, Interpretar, é quando você analisa o que vem aprendendo. Durante a investigação, informações chegarão a você com grande velocidade e você precisará de meios de registrá-las, organizá-las e compreender suas consequências. A forma exata de fazer isso depende em parte da natureza do problema em questão. Mas qualquer ferramenta de interpretação deve revelar novos *insights*, como padrões ou relações entre os números, de preferência gerando ideias de como resolver melhor os trabalhos do cliente.

Apresentei duas dessas ferramentas na história do Tazza: a "descrição dos trabalhos" e o "mapa do mercado". Vou focar nelas aqui por serem ao mesmo tempo extremamente úteis e inéditas (ferramentas mais comumente aplicadas, como perfis do cliente, *personas* ou mapas da jornada do cliente também podem ser bastante úteis durante o estágio de Interpretação. Para uma lista de recursos sobre esses temas, visite www.marketdetective.com, em inglês).

A descrição dos trabalhos e o mapa do mercado diferem no aspecto da solução. A descrição ajuda você a compreender o que está acontecendo com um cliente individual (ou um tipo específico de cliente), ao passo que os mapas do mercado ajudam a enxergar padrões entre vários clientes ou tipos de cliente. A descrição dos trabalhos, portanto, costuma ser mais útil para problemas relacionados à inovação ou ao marketing; já o mapa do mercado tem aplicações mais amplas no desenvolvimento de estratégias e no alinhamento de organizações em torno de uma meta comum.

Como usar a descrição dos trabalhos para a Interpretação

A descrição dos trabalhos é mais do que uma simples forma de organizar o que você está descobrindo à medida que explora as quatro questões básicas do nosso método. Depois que começar a preenchê-la, também pode usá-la para descobrir ideias novas, fazendo perguntas interpretativas como as seguintes:

- *Que trabalhos são os prioritários?* Na maioria das conversas, você vai identificar diversos trabalhos que o cliente quer realizar em determinadas circunstâncias. É útil compreender quais desses trabalhos são os prioritários (do ponto de vista do cliente). Tudo mais se mantendo constante, um trabalho é prioritário se for relativamente *mais importante* para o cliente, relativamente *menos satisfeito* pelas soluções existentes e tiver *maior valor* atribuído a ele caso possa ser resolvido. Esses trabalhos são, em geral, os melhores para os inovadores e estrategistas, porque muito valor pode tanto ser criado quanto obtido em caso de solução.
- *Que trabalhos parecem estar agrupados?* É comum que o cliente tenha mais de um trabalho prioritário simultâneo que gostaria de resolver (de novo, em determinadas circunstâncias). Nesses pacotes, em geral figuram trabalhos de cada uma das três categorias apresentadas anteriormente – funcionais, emocionais e sociais. Vimos isso no caso de Amelia, que queria resolver o trabalho funcional de estudar e, ao mesmo tempo, o trabalho emocional de sentir-se conectada à família. Compreender o pacote completo é uma excelente forma de obter mais minúcias sobre o que é de fato relevante, preparando-o para elaborar soluções ou experiências completas que tratam do mix correto de detalhes.

- *Como diferentes soluções se comparam, em relação àquilo que o cliente define como qualidade?* Caso você tenha descoberto múltiplas soluções candidatas para um trabalho (entre elas as "contratadas" atualmente, as "contratadas" no passado ou aquelas que podem vir a ser "contratadas" no futuro), é valioso entender em detalhes como cada uma delas é avaliada. Obter uma visão detalhada da performance de cada solução-candidata é uma ótima fonte de *insights* sobre o que realmente significa "qualidade" nesse contexto e sobre as concessões que o cliente está disposto a fazer.
- *Quais são as oportunidades claras de inovação?* Por fim, é útil monitorar todas as oportunidades óbvias de inovação que surgirem. Essas ideias vão surgir inevitavelmente, seja a partir dos clientes diretamente, seja ao analisar os vários cartazes de "procura-se" que aparecerem.

Como usar os mapas de mercado para a Interpretação

As investigações de mercado muitas vezes são motivadas pela necessidade de compreender o que está acontecendo no mundo real, em uma escala maior do que a do cliente individual (ou até de um tipo específico de cliente). Em casos assim, conversar com indivíduos é mais valioso e essencial do que nunca. Mas é preciso ter uma forma de analisar o que foi aprendido em várias conversas. É essa a função do mapa do mercado. Ele permite a visualização do panorama mais geral de onde você atua hoje, em que seus concorrentes estão focados, e onde estão as ameaças e as oportunidades. Isso exige algum esforço para que seja feito corretamente, mas, depois de criar um bom mapa para sua organização, você verá que é uma poderosa ferramenta estratégica com valor duradouro.

Todo mapa começa com um conjunto de coordenadas básicas. Em mapas geográficos, costumam ser a latitude e a longitude. Em mapas de mercado, usamos os trabalhos do cliente como a "latitude" e as circunstâncias do cliente como a "longitude". As posições no mapa, portanto, são definidas pela interseção entre uma circunstância e um trabalho que o cliente está tentando executar.

Ao conversar com os clientes, você poderá preencher os trabalhos e as circunstâncias que descobrir ao longo dos eixos do mapa de mercado. Em seguida, poderá marcar as interseções do mapa que correspondem aos clientes com quem você efetivamente falou. Convém codificar essas interseções, revelando *insights* adicionais em relação ao território que você está explorando: por exemplo, com um "V" para indicar que o trabalho está sendo plenamente satisfeito atualmente e um "X" para indicar que não está.

Vejamos o mapa de mercado de Amelia da nossa história:

Mapa do mercado para: *Tazza*

		Circunstâncias				
		Amelia – Final da manhã	Amelia – Sábado à noite			
Trabalhos	Estudar	✓				
	Sentir-se conectada com a família	X				
	Conectar-se com os amigos		X			
	Divertir-se		X			
	Conhecer gente nova		X			

No caso de Amelia, existem duas circunstâncias nos quais ela "contratou" o Tazza e cinco trabalhos distintos preenchidos nos eixos. Eu marquei as interseções entre trabalhos e circunstâncias nas quais uma solução específica (no caso, o Tazza) foi contratada. Os Vs indicam que é uma ótima solução para o trabalho e a circunstância, e os Xs indicam que é uma solução medíocre ou ruim.

Completar esse mapa e codificá-lo imediatamente gera sacadas interpretativas sobre o que está acontecendo. Por exemplo, uma coluna de Circunstâncias em que os Xs predominam indica, provavelmente, que essa circunstância não seja estratégica para a organização sob análise, qualquer que seja o trabalho a ser realizado. Vemos isso no mapa de Amelia, pois o Tazza não é uma boa solução para nenhum dos trabalhos na circunstância "Sábado à noite". Padrões similares costumam ocorrer na direção horizontal para trabalhos específicos: vários Vs significam que a solução é ótima em mais de uma circunstância e, portanto, provavelmente um trabalho estratégico para o foco da organização; vários Xs significam que provavelmente não. No caso do Tazza, um exemplo de trabalho assim seria "fazer uma refeição saudável", para o qual o Tazza não é percebido como uma solução forte em nenhuma circunstância.

Quanto mais completo o mapa, mais padrões que trazem *insights* será possível observar. Eis algumas das coisas mais úteis a observar:

- *Quem é sua verdadeira concorrência.* Destacar no mapa onde os concorrentes são "contratados" para as mesmas interseções trabalho-circunstância da *sua* organização revela quais são seus verdadeiros concorrentes. Se a sua empresa for como a maioria, provavelmente a lista será bem mais ampla do que você achava no começo e você se perceberá envolvido em muitas batalhas competitivas bastante diferentes ao mesmo tempo. Na história, esse foi um desafio-chave para o Tazza, que estava concorrendo não apenas com outros cafés, mas com a rede de fast-food casual Santé, no trabalho de comer em deslocamento, e com a empresa de *coworking* Office Oasis, para trabalhos relacionados à atividade profissional e à realização de reuniões.

- *Por que você está sendo "contratado" ou "demitido".* Como vimos na história do Tazza, os padrões que você conseguir observar nos mapas do mercado, combinados aos *insights* detalhados extraídos da descrição dos trabalhos, revelam muita coisa sobre por que você está ganhando ou perdendo.
- *Qual é o seu mercado principal.* Saber que regiões do mapa se encaixam melhor com a estratégia e a oferta de sua organização é um *insight* importante que muitas vezes pode ser extraído dos padrões do mapa de mercado. Claramente, qualquer interseção entre trabalhos e circunstâncias em que suas soluções se encaixem bem é candidata a ser seu mercado principal, mas também procure trabalhos que você resolve bem em múltiplas circunstâncias; circunstâncias específicas em que você resolve mais de um trabalho; e áreas nas quais você possui uma vantagem clara sobre os competidores (ou, melhor ainda, onde não há competidores).
- *Onde existem oportunidades de crescimento atraentes.* Por fim, provavelmente há muitas áreas do mapa onde você não está atuando hoje (nem mais ninguém). Todas elas podem ser sistematicamente exploradas como oportunidades em potencial de crescimento. Áreas de interesse são aquelas em que os trabalhos são de alta importância

e muito mal resolvidos, assim como aquelas nas quais há muito valor em jogo caso alguém possa resolver esses trabalhos (seja porque *muitos* clientes em potencial querem resolvê-los ou porque poucos querem, mas atribuem *muito* valor à solução).

Ao aplicar os passos desse método, provavelmente você passará por vários ciclos do Passo 2 (Investigar) e do Passo 3 (Interpretar). Em geral, vai coletar informações, interpretá-las, perceber que precisa de mais informações, investigar mais, interpretar mais e assim por diante. Mas, seguindo as estratégias de interpretação que acabamos de apresentar, aos poucos ficará mais nítido o foco da solução para o mistério de mercado em questão.

Entrando na mentalidade certa para compreender o cliente

Descobri quatro princípios de mentalidade que ajudam a realizar uma investigação de mercado bem-sucedida, princípios que eu mesmo utilizo nas conversas com os clientes:

- *Demonstre interesse.* Pode parecer óbvio, até estranho, enfatizar isto, mas é importante que você esteja genuinamente interessado na pessoa com quem está falando. Na verdade, esse é o fator mais importante para que uma conversa com o cliente transcorra bem; as pessoas adoram falar sobre si, mas somente quando sentem que aquele/a com quem estão falando se importa com o que elas têm a dizer. Alimente sua curiosidade genuína sobre as pessoas, acionando-a ao falar com o cliente.
- *Seja autêntico.* Sua disposição para ser você mesmo – e até

para compartilhar sua situação e suas experiências quando adequado – é de grande valia para estabelecer uma relação genuína. Isso também o ajuda a ter empatia ao encontrar e compartilhar pontos de conexão entre aquilo que o cliente está vivendo e a sua própria vida.

- *Tenha mente de principiante.* Mantenha a mente aberta para tudo aquilo que possa descobrir na conversa com o cliente e permita que essas descobertas o orientem em relação a onde explorar mais. Costuma ser o estado de espírito mais difícil de implementar para os aspirantes a detetive de mercado, porque parece conflitar com o conselho anterior sobre a importância de imaginar o que você vai aprender *antes* de falar com o cliente. Na verdade, você precisa de uma mentalidade dupla, que vai e vem entre a simples absorção de informações, como uma esponja, sem fazer juízos de valor, e a avaliação daquilo que você aprendeu (para usá-la como guia para os questionamentos seguintes).
- *Simplesmente faça!* Em vez de ficar esperando até ter o projeto perfeito de pesquisa de mercado, hipóteses perfeitamente elaboradas ou sensibilidade de detetive de mercado perfeitamente desenvolvida, simplesmente saia falando com os clientes! Claro, é bom ter algum arremedo de um planejamento, mas ele não precisa ser muito sofisticado para começar. Você aprenderá tanta coisa conversando com as pessoas que poderá refinar rapidamente seu plano e acertar na mosca naquilo que mais importa.

Reflexões finais

Tornar-se competente no ofício de detetive de mercado pode parecer uma tarefa assustadora, principalmente quando se está apenas começando. É preciso aprender toda uma nova linguagem, dominar um novo método e um novo kit de ferramentas, além de adotar modos de pensar que podem vir mais naturalmente para alguns do que para outros. Tudo isso enquanto navega pela imprevisibilidade do real, em encontros ao vivo com os clientes!

Esteja certo de que todos que investem tempo e esforço podem ter êxito nisso – e vale muito a pena. Posso atestar pela minha experiência, pois progredi de raros encontros com clientes em seu ambiente natural a milhares de horas envolvido em conversas fascinantes, inspiradoras e muitas vezes engrandecedoras. Esse trabalho me fez viajar por todo o planeta e me permitiu encontrar e aprender com um grupo de pessoas extraordinariamente diversificado. Ao longo dos anos, eu:

- entrevistei dezenas de moradores de vilarejos fora dos cinco maiores centros urbanos da Índia para compreender suas dificuldades em relação à assistência de saúde – e os desafios do sistema de saúde do país, vistos pelos olhos deles;
- aprendi sobre os diferentes pontos de vista de terceirizados, empresas de aluguel de equipamentos, operários da construção civil, planejadores de cidades e empresas de construção, enquanto todos se esforçavam rumo à meta de criar um novo centro urbano em uma das maiores cidades dos Estados Unidos;
- viajei por toda a Itália conversando com enfermeiras, cardiologistas e administradores de hospitais para entender seus trabalhos relacionados à compra e utilização de aparelhos para a arritmia cardíaca de seus pacientes;
- passei vários meses no Meio-Oeste americano estudando o conjunto surpreendentemente amplo de trabalhos funcionais, emocionais e sociais que as pessoas vivenciam para alimentar seus animais de estimação;

- visitei alguns dos estádios mais tecnológicos do mundo para entender como criaram experiências inovadoras e de ponta para atrair e maravilhar os torcedores;
- fiquei comovido com as histórias de pessoas que estavam perdendo gradualmente a audição, descrevendo sua frustração por não poderem se comunicar e viver como antes.

Em todos esses casos – e em muitos outros –, minha meta era compreender a vida dos clientes com profundidade suficiente para que outros pudessem, a partir desse conhecimento, descobrir como melhorar suas vidas. É extremamente gratificante quando isso acontece. Se eu pude aprender a fazer isso, você também pode. O sucesso, no fim das contas, não vem da memorização de técnicas específicas, e sim da prática de um pequeno conjunto de princípios – aqueles que descrevi neste livro. Desejo-lhe boa sorte no aprendizado deles e em seu uso para desvendar os mistérios de mercado que encontrar, na carreira e na vida.

AGRADECIMENTOS

Quando me propus a escrever um livro que ensinasse ideias de negócios sob a forma de um romance de mistério, esperava encontrar certo ceticismo (embora o ceticismo, na verdade, viesse primordialmente da minha cabeça). Por sorte, recebi dos leitores dos manuscritos iniciais um feedback que me incentivou a seguir em frente. Devo um agradecimento especial a meu agente, Jim Levine, por ter acreditado neste projeto desde o início e por ter me ajudado a encontrar uma casa extraordinária para ele na PublicAffairs/Hachette. Também sou grato pelo apoio desde o início de Mark Hussey, Mark Johnson, Jacques Goulet, Michael Ganz, Erika Meldrim, Alasdair Trotter, Elizabeth Entinghe, Prashant Srivastava, Jim Roth e Carin Watson.

John Mahaney, editor genial, e o restante de sua equipe na PublicAffairs foram colaboradores fantásticos. As sugestões de John melhoraram muito a qualidade deste livro, e reconheço sua orientação paciente a cada passo do processo editorial. Obrigado a meu amigo Safi Bahcall por seus conselhos sempre brilhantes sobre escrita, edição e vida.

Muitos outros tiveram a gentileza de ceder seu tempo para ler e dar feedback sobre o manuscrito que ia surgindo e sou muito grato por isso. Agradeço, em especial, a Scott Anthony, Craig

Deao, Claudia Pardo, Bernard Kuemmerli, Katie Enos, Andy Parker, Shari Parvarandeh, Pontus Siren, Vinay Mehra, Roy Davis, Thiemo Werner, Josh Suskewicz, Aisaku Pradhan, Frank Capek e Doug Shapiro.

Eu seria ingrato se não reconhecesse as pessoas e experiências que me influenciaram à medida que elaborava minhas ideias sobre o tema dos "trabalhos por realizar". Acima de todas está Clayton Christensen, que tive a sorte de ter por muitos anos como colega, professor, amigo e coautor. Clay foi decisivo na popularização dos trabalhos por realizar e na pregação de sua importância como perspectiva de mundo. Clay, infelizmente, nos deixou enquanto eu estava terminando este livro, mas sempre tive em mente seu exemplo como professor, escritor e contador de histórias, como um ideal rumo ao qual caminhar. Também sou grato aos vários clientes e empresas com quem trabalhei e aprendi ao longo dos anos.

Devo minha maior gratidão à minha família. Meus pais e meu irmão, Brian, sempre me deram apoio, mesmo quando tomei rumos divergentes. Também gostaria de agradecer à minha família de Rhode Island, Ed, Claire e Christine, pelo amor e pelo apoio. Acima de tudo, sou profundamente grato à minha esposa, Suzanne, e à minha filha, Zoe, que nunca deixarão de me fazer sorrir, me inspirar, me dar um propósito e me recordar o que mais importa.

CONHEÇA ALGUNS DESTAQUES DE NOSSO CATÁLOGO

- Augusto Cury: Você é insubstituível (2,8 milhões de livros vendidos), Nunca desista de seus sonhos (2,7 milhões de livros vendidos) e O médico da emoção
- Dale Carnegie: Como fazer amigos e influenciar pessoas (16 milhões de livros vendidos) e Como evitar preocupações e começar a viver
- Brené Brown: A coragem de ser imperfeito – Como aceitar a própria vulnerabilidade e vencer a vergonha (600 mil livros vendidos)
- T. Harv Eker: Os segredos da mente milionária (2 milhões de livros vendidos)
- Gustavo Cerbasi: Casais inteligentes enriquecem juntos (1,2 milhão de livros vendidos) e Como organizar sua vida financeira
- Greg McKeown: Essencialismo – A disciplinada busca por menos (400 mil livros vendidos) e Sem esforço – Torne mais fácil o que é mais importante
- Haemin Sunim: As coisas que você só vê quando desacelera (450 mil livros vendidos) e Amor pelas coisas imperfeitas
- Ana Claudia Quintana Arantes: A morte é um dia que vale a pena viver (400 mil livros vendidos) e Pra vida toda valer a pena viver
- Ichiro Kishimi e Fumitake Koga: A coragem de não agradar – Como se libertar da opinião dos outros (200 mil livros vendidos)
- Simon Sinek: Comece pelo porquê (200 mil livros vendidos) e O jogo infinito
- Robert B. Cialdini: As armas da persuasão (350 mil livros vendidos)
- Eckhart Tolle: O poder do agora (1,2 milhão de livros vendidos)
- Edith Eva Eger: A bailarina de Auschwitz (600 mil livros vendidos)
- Cristina Núñez Pereira e Rafael R. Valcárcel: Emocionário – Um guia lúdico para lidar com as emoções (800 mil livros vendidos)
- Nizan Guanaes e Arthur Guerra: Você aguenta ser feliz? – Como cuidar da saúde mental e física para ter qualidade de vida
- Suhas Kshirsagar: Mude seus horários, mude sua vida – Como usar o relógio biológico para perder peso, reduzir o estresse e ter mais saúde e energia

sextante.com.br